«Ich fuhr Richtung Süden. Von nun änderte sich alles. Luft und Klima wurden warm, die Hotelzimmer billig, und vor allem: Ich traf Menschen. Sie alle waren zwischen 18 und 30. Sie trugen einen Rucksack. Sie reisten mit einem Buch. Sie gaben wenig Geld aus und trugen T-Shirts, die schon sehr lange keine Waschmaschine mehr gesehen hatten. Diese Menschen wollten alle das Gleiche: Pyramiden fotografieren, Vulkane besteigen, Bier trinken und am Strand herumliegen, Sex haben und weiterfahren. Ich war auf dem ‹Banana Pancake Trail› angekommen. Das folgende Jahr über verließ ich den Pfad nicht mehr. Nun lernte ich jeden Tag junge Engländer, Schweizer, Schweden und Israelis kennen: in billigen, aber sehr gemütlichen und auf unsere Bedürfnisse zugeschnittenen Hotels, in klapprigen Reisebussen, auf den Stufen alter Tempel und am Strand. Wir staunten, feierten, liebten uns. Wir tauschten E-Mail-Adressen aus und vergaßen uns dann genauso schnell wieder, wie wir uns kennengelernt hatten. Wir schwammen zusammen im Mekong, schliefen in mexikanischen Hängematten und besuchten Haschischbauern in den Bergen Marokkos. Diese Leute waren überall, es gab kein Entkommen, ich war nie wieder allein.»

Philipp Mattheis, geboren 1979 im Münchner Speckgürtel, hat Philosophie studiert und arbeitete von 2008 bis 2011 als Redakteur beim Jugendmagazin der Süddeutschen Zeitung, jetzt.de. Er schreibt für die Süddeutsche Zeitung, das SZ-Magazin, Playboy, NEON und Geo Epoche. Er lebt in München und Shanghai.

PHILIPP MATTHEIS

Banana Pancake Trail

**Unterwegs auf dem vollsten
Trampelpfad der Welt**

Rowohlt Taschenbuch Verlag

Originalausgabe
Veröffentlicht im Rowohlt Taschenbuch Verlag,
Reinbek bei Hamburg, Juni 2012
Copyright © 2012 by Rowohlt Verlag GmbH,
Reinbek bei Hamburg
Umschlaggestaltung ZERO Werbeagentur, München
(Illustrationsnachweis: FinePic, München)
Satz aus der Minion, PostScript (InDesign)
bei Pinkuin Satz und Datentechnik, Berlin
Druck und Bindung Druckerei C. H. Beck, Nördlingen
Printed in Germany
ISBN 978 3 499 62771 2

«*I just feel like everyone tries to do something different, but you always wind up doing the same damn thing.*»
The Beach

Inhalt

Prolog

Im November vor einigen Jahren flog ich auf die Kanarischen Inseln, um auf einem Segelschiff anzuheuern. Ich hatte unter Strapazen die drei großen Must-Dos einer männlichen deutschen Mittelstandsjugend hinter mich gebracht: Führerschein, Abitur, Zivildienst. Ich war frei. Ich war auch jung, naiv und manchmal richtig doof. Ich flog also auf die Kanarischen Inseln, weil mir irgendjemand erzählt hatte, dass von dort aus jedes Jahr im Herbst Segelschiffe in Richtung Karibik in See stechen.

Ich lief durch den Hafen von Las Palmas und fragte die Segler: «Nehmt ihr mich mit?»

Die Segler fragten: «Hast du Segelerfahrung?»

Ich verneinte.

Die Segler fragten weiter: «Bist du überhaupt schon einmal gesegelt?»

Ich schüttelte den Kopf.

Die Segler fragten: «Du willst drei Wochen über den Atlantik?»

Ich nickte.

Dann lachten sie und gaben mir den Rat, doch erst einmal zwei Stunden auf dem Starnberger See zu segeln.

Ich aber gab nicht auf. Wie gesagt, ich war jung, naiv, gutgläubig und doof – und solchen Menschen passieren oft eigenartige Dinge. Am fünften Tag traf ich in Puerto de Mogan auf ein französisches Ehepaar. Der Franzose, ein dickbäuchiger und stark behaarter Mann, herrschte mich an, Französisch – «auf keinen

Fall Englisch!» – mit ihm zu sprechen. Mit den kläglichen Resten aus drei Jahren Schulfranzösisch, die von einer Vier minus gekrönt worden waren, schilderte ich ihm mein Anliegen. Am Ende willigte er ein, mich mitzunehmen. Wir kauften Proviant für drei Wochen und fuhren los.

Ich sollte die Nachtwache übernehmen. Meine einzige Aufgabe war es, zwischen zwei und sechs Uhr nachts, während die anderen schliefen, darauf zu achten, dass unser etwa zehn Meter langes Boot nicht versehentlich auf einen Tanker zusteuerte. Das geschah zum Glück nicht. Stattdessen saß ich Nacht für Nacht allein an Deck und übergab mich.

Der Franzose wachte spät auf, hörte dann Édith Piaf und trank Pernod. Er befahl mir, mehr Französisch zu sprechen. Ich konnte nicht, ich musste kotzen. Er wollte, dass ich meine Kajüte aufräume. Ich konnte nicht, mir war schwindlig. Er verlangte von mir, das Essen seiner Frau zu essen. Ich konnte nicht, ich hatte Sodbrennen. Der Franzose und ich verstanden uns immer schlechter. Er erzählte mir von seinem Sohn, der in meinem Alter war und zu dem er keinen Kontakt mehr hatte, weil er ein Faulpelz war. Ich begann, tiefe Sympathie für den Sohn zu empfinden. Ich war übermüdet, mir war schlecht, ich hatte Hunger, ich wollte weg. Ich hasste den Franzosen.

Nach einer Woche machte das Boot einen Zwischenstopp auf den Kapverdischen Inseln, von denen ich noch nie gehört hatte. Sie liegen zwischen dem Senegal und Brasilien mitten im Atlantik. Die meisten Leute kennen sie nicht, und noch weniger Menschen verschlägt es dorthin. Ich stieg aus, küsste den Boden und verstand nun, was all die Leute meinten, die mich gefragt hatten, ob ich denn Segelerfahrung hätte. Ich beschloss, nicht noch zwei weitere Wochen über den Atlantik zu segeln. Ich beschloss, auf eigene Faust weiterzureisen. (Ich beschloss außerdem, nie wieder ein Segelschiff zu besteigen.)

Auf den Kapverden war es ganz okay. In meinem Hotel lernte ich einen Portugiesen kennen, dem es nach zwei Tagen zu langweilig wurde und der mit dem Schiff nach Senegal fuhr. Dann war da noch ein 40-jähriger Belgier, der sich sehr für die weiblichen Bewohner der Inselgruppe zu begeistern wusste. Sonst war dort niemand, und erst recht niemand mit einem Rucksack. Ich fragte mich: Sollte diese Reise so weitergehen? Würde ich tatsächlich die nächsten zwölf Monate, abgesehen von pädophilen Belgiern und depressiven Portugiesen, allein verbringen? Gab es keine anderen Menschen, die irgendwie dasselbe suchten wie ich, also eine Mischung aus Spaß, Sex, Strand und Selbstfindung?

Ich flog nach New York, nicht weil ich dorthin wollte, sondern weil es auf den Kapverden nur Flüge nach New York oder Lissabon gab. Es war nun bereits Anfang Dezember, also kalt, grau und stressig. Das wärmste Kleidungsstück in meinem Rucksack aber war eine Windjacke. Ich setzte mich in einen Bus und fuhr 36 Stunden Richtung Süden, nach New Orleans. Das klingt glamourös, war es aber nicht. Ich schlief auf einem wackeligen Stockbett in einer Jugendherberge, trank Free-refill-Cola und ließ mich von Einheimischen dunkler Hautfarbe grimmig anstarren. Ich verbrachte einige Tage mit einem Japaner, der etwa 15 englische Wörter beherrschte, aß bei McDonald's und las *Schuld und Sühne* von Dostojewski. Mir wurde sehr, sehr langweilig, und wieder fragte ich mich, wie diese Reise wohl weitergehen sollte.

Dann kaufte ich für 19,95 Dollar ein Buch, auf dem *Lonely Planet Mexico* stand, und fuhr Richtung Süden. Von nun änderte sich alles. Luft und Klima wurden warm, die Hotelzimmer billig, und vor allem: Ich traf Menschen. Sie alle waren zwischen 18 und 30. Sie trugen einen Rucksack. Sie reisten mit einem Buch. Sie gaben wenig Geld aus und trugen T-Shirts, die schon sehr lange keine Waschmaschine mehr gesehen hatten. Diese Menschen kamen aus England, Dänemark und Israel, aus Deutschland, Australien und der Schweiz, aus Kanada, Italien und den Niederlanden. Sie alle wollten das Gleiche: Pyramiden fotografieren, Vulkane besteigen, Bier trinken und am Strand herumliegen, Sex haben und weiterfahren. Ich war auf dem Pfad angekommen, den der Kulturwissenschafter John Hutnyk «Banana Pancake Trail» getauft hat, weil diejenigen, die auf ihm wandeln, zum Frühstück etwas Süßes wollen. Ihre Gastgeber passen sich oft – ganz gegen die Gepflogenheiten ihres eigenen Landes, Salziges zu frühstücken – den Gästen an und servieren ihnen Bananenpfannkuchen. Der Banana Pancake ist kulinarisch der kleinste gemeinsame Nenner einer sonst sehr heterogenen Gruppe.

Das folgende Jahr über verließ ich den Pfad nicht mehr. Nun lernte ich jeden Tag junge Engländer, Schweizer, Schweden und Israelis kennen: in billigen, aber sehr gemütlichen und auf unsere Bedürfnisse zugeschnittenen Hotels, in klapprigen Reisebussen, auf den Stufen alter Tempel und am Strand. Wir staunten, feierten, liebten uns. Wir tauschten E-Mail-Adressen aus und vergaßen uns dann genauso schnell wieder, wie wir uns kennengelernt hatten. Wir schwammen zusammen im Mekong, schliefen in mexikanischen Hängematten und besuchten Haschischbauern in den Bergen Marokkos. Diese Leute waren überall, es gab kein Entkommen, ich war nie wieder allein.

So fremd und abenteuerlich es mir anfangs erschienen war, mit einem Rucksack zu reisen, so verrückt und abwegig kam es mir jetzt vor, einen Rollkoffer durch die Gegend zu zerren. Rollkoffer verhält sich zu Rucksack wie Sportwagen zu Offroadjeep. In einer überoptimierten Umgebung, also zum Beispiel einer Autobahn, ist der Sportwagen dem Jeep natürlich haushoch überlegen. Untergrund und Transportmittel sind hier aufeinander abgestimmt. Sobald er aber seine eigens für ihn gemachte Welt verlässt, versagt er. Ein Rollkoffer mag bequem und schnell sein auf Flughafen- und Cityhotel-Böden; doch einmal aus seiner zivilisierten Umgebung herausgerissen, ist der Rollkoffer hilflos wie ein Porsche 911 auf einem Acker. Ein Rucksack dagegen mag in einer stylischen Hotellobby etwas grobschlächtig daherkommen, doch dafür versagt er weder im Sumpf noch in der Wüste, noch auf einer staubigen Buckelpiste in Kambodscha. Der Rollkoffer ist fein und maniert, der Rucksack ein vierschrötiger, aber ehrlicher Geselle.

Menschen, die ihr Gepäck also bevorzugt auf einer sauberen, reibungsarmen Unterfläche mit möglichst wenig Kraftaufwand hinter sich herziehen möchten, begeben sich besser nicht auf den Banana-Pancake-Pfad. Sie fliegen stattdessen nach Dubai, Zürich oder Düsseldorf. Sie nehmen viel Geld mit, übernachten in Designhotels und essen Gerichte wie «in Rotwein pochierte Entenleberterrine mit Apfelpüree und Périgord-Trüffel» anstelle eines Bananenpfannkuchens. Sie vermuten das Glück dort, wo es ihnen nicht viele streitig machen können, denn nicht jeder hat so viel Geld wie sie. Sie lassen sich ruhig auch mal «saturierter Schnösel» schimpfen und quittieren diese Beschimpfung mit einem arrogant-gönnerhaften Lächeln. Sie gehören ins Trolleyland. Dort, im Reich der Rollkoffer, haben die Reisenden feste Ziele und kaum Fragen.

Menschen dagegen, die mit einem Rucksack voller ungewaschener T-Shirts, Akku-Ladegeräte und Bücher reisen, haben kein Ziel, dafür aber sehr viele Fragen. Zum Beispiel:

- Was ist der Sinn des Lebens?
- Was brauche ich wirklich?
- Muss ich unbedingt studieren, arbeiten und Geld verdienen?
- Kann ich nicht auch einfach nur rumhängen?
- Wie arm sind Leute in der Dritten Welt?
- Sind die am Ende glücklicher als wir?
- Warum sind Belgier ein bisschen komisch?

- Kann ich vor meinen Freunden angeben, wenn es mir gelingt, mit einer Asiatin zu schlafen?
- Leben in China nur reisbetriebene Roboter?
- Wer bin ich?
- Wenn ich nicht der bin, der ich sein will, kann ich dann vor mir selbst wegrennen?
- Finde ich die Erleuchtung in einem indischen Ashram oder auf einer Maya-Pyramide?
- Sind israelische Frauen die schönsten der Welt?
- Oder doch Schwedinnen?
- Reichen fünf Unterhosen für ein halbes Jahr?
- Wie viele Tage am Stück gelingt es mir, nichts, absolut nichts zu tun, außer laotisches Bier zu trinken und Gras zu rauchen?
- Was ist eigentlich wirklich wichtig?
- Kann ich mein Leben lang reisen?

Diese Menschen fahren in Länder, in denen es warm und vor allem billig ist, sie fahren dorthin, wo schon viele von ihrer Sorte sind: nach Asien, Mittel- oder Südamerika. Sie tragen Flipflops, lassen Bart und Haare wachsen und versuchen, so wenig Geld wie möglich auszugeben.

Sie werden mehr und mehr. Die Zahl der verkauften Round-the-world-Tickets hat sich vervielfacht. In Bangkok lebt ein ganzes Stadtviertel von Billigurlaubern. In Australien geht mittlerweile jede vierte Übernachtung auf das Konto eines Backpackers. Aus ehemals verschlafenen Bauerndörfern wie Vang Vieng in Laos sind Backpackerknotenpunkte geworden. Die Infrastruktur – billige Unterkünfte, ein bisschen Party, kostengünstige Beförderung in die nächste Stadt – hat sich verbessert. Es gibt heute kein Land mehr, das im *Lonely Planet* nicht zumindest erwähnt wird. An manchen Stellen ist aus dem Trampelpfad eine Autobahn geworden. Davon erzählt dieses Buch.

Nullpunkt

Alles, was du brauchst, steckt in einem Rucksack im Bauch einer Boeing 747. Alles, was du wirklich brauchst, steckt in einem Beutel um deinen Bauch: eine Kreditkarte und ein Reisepass. Nie zuvor in deinem Leben warst du so frei, und wahrscheinlich wirst du nie wieder so frei sein. Nach dieser Reise wirst du ein anderer sein, und ja, mit sehr hoher Wahrscheinlichkeit, auch ein besserer – weil du mehr von der Welt und den Menschen, die in ihr leben, verstehen wirst. «Chicken or pasta?», fragt dich eine sanfte Stimme. Für einen kurzen Moment wird dir etwas mulmig. Etwas hast du vergessen, etwas, das dir fehlen wird und um dessentwillen du Monate später doch froh sein wirst, zurückkehren zu können. Dann wird es dunkel, und das Einzige, was deine Gedanken noch im Zaum hält, ist der Hollywoodspielfilm auf dem Bildschirm in deinem Sitz.

Ein Netz aus Trampelpfaden und Hotels umspannt den Planeten. Man nennt dieses Netz den «Banana-Pancake-Pfad», weil all die Leute, die auf ihm unterwegs sind, etwas gemeinsam haben: Australier, Deutsche, Israelis, Spanier, Franzosen, Kanadier, Polen und Brasilianer wollen ein süßes Frühstück, und ihnen schmeckt Bananenpfannkuchen. Deshalb findet sich dieses Gericht auf den Speisekarten kleiner Herbergen in Thailand, Chile, China wie Neuseeland. Was diese Leute außerdem gemeinsam haben, ist das Alter, das wenige Geld und die Tatsache, dass sie viel Zeit haben.

Du bist allein. Zum ersten Mal in deinem Leben machst du

keine Kompromisse. Du wirst Momente der Einsamkeit erfahren und über den Unterschied zwischen Alleinsein und Einsamkeit nachdenken. Am Ende wirst du beides kennen und vor keinem mehr Angst haben.

Dir steckt der Schlaf noch in den Knochen, als sich dir die Türen des Flughafens von Bangkok, Delhi oder Mexico City öffnen. Du läufst gegen eine Wand aus schwüler, stickiger Luft. Zwei Tage später wirst du Flipflops tragen, obwohl du diese Schuhe immer so lächerlich fandest. Du blätterst in deinem Reiseführer, der dir zur Bibel werden wird und den du später genau deswegen hassen wirst. Schüchtern blickst du zur Seite und erkennst zwei Menschen, die ebenfalls in einem Buch blättern. Für einen Moment überlegst du, ob du sie ansprechen sollst.

Dann steigst du in ein klimatisiertes Taxi und versuchst dem Fahrer klarzumachen, in welches Hotel du willst. «Yes, yes, mister», sagt der kleine Mann grinsend, fährt los und bringt dich zu einem Hostel, dessen Besitzer der Bruder der Frau seines Cousins ist. Zwei Stunden später sitzt du geduscht in einem Café, das man zu Hause «Hippieladen» nennen würde. Um dich herum: Menschen in sackartigen Hosen, mit Tüchern in den Haaren und Flipflops an den Füßen. Sie tragen T-Shirts mit dem Logo einer Biermarke aus dem Nachbarland. Alles hängt, lungert und lächelt. Mit diesen Menschen wirst du die nächsten Monate verbringen. Easy, von nun an wird alles so easy, dass du in ein paar Monaten nicht mehr verstehen wirst, warum es daheim so kompliziert sein muss. Du bist auf dem Banana Pancake Trail angekommen. Der Kontakt zu den Einheimischen beschränkt sich auf Kellner, Taxifahrer und bettelnde Kinder. («You have five rupees, mister?»)

Es gibt einen Unterschied zwischen Auslandsaufenthalten und Reisen. Ein Erasmus-Jahr macht sich gut im Lebenslauf und nebenbei Spaß. Praktika im Ausland sind nützliche Trophäen für eine Bewerbung. Ein Jahr Arbeit im Ausland kann zu einem Karrieresprung führen. Reisen aber ist Selbstzweck, und im Fortgehen steckt ein Rest Verweigerungshaltung, der ganz untypisch für die Nullergeneration und ihre frühe Eichung auf Karriere ist. Wer auf eine lange Reise geht, hat keine Lust auf Konkurrenz und Karriere. Er sucht Hedonismus und sich selbst. Es funktioniert, weil das Preisgefälle zwischen der Ersten und der Dritten Welt noch immer enorm ist. Eine Nudelsuppe in Vietnam kostet 50 Cent, und um ein Jahr durch Indien reisen zu können, genügen 5000 Euro. Neben dem Besuch von Ruinen, stickigen Metropolen und Stränden bleibt genug Zeit, über sich selbst, die Welt und deren Sinn zu grübeln. Backpacker sind die Glückskinder des Westens auf ihrer Stippvisite in die Armut. Die wenigsten von ihnen verlassen den komfortablen Pfannkuchen-Pfad. Sie führen das Leben eines Stars und lösen endlich das Versprechen der weltweit ausgestrahlten Superstar-Shows ein: «Du stehst im Rampenlicht, du kannst es, du hast es verdient.»

Im Nachtzug lernst du John kennen: «Where are you from? How long are you travelling? Where have you been?» Smalltalk auf Reisen bleibt Smalltalk, aber anders als daheim interessieren dich die Antworten wirklich. Eine Mischung aus Einsamkeit und Offenheit treibt dich dazu, jeden Menschen anzusprechen, der deine Aufmerksamkeit erregt. Nie triffst du auf Ablehnung. John kommt aus Australien, ist seit drei Jahren unterwegs und schwärmt für den Mondkalender der Mayas. Kaum eine Seite seines Passes, auf der nicht der Stempel eines Landes prangt. Er erzählt dir von den Ruinen von Tikal, den Wellen von Bali und den Frauen in Kolumbien.

Zwei Wochen reist ihr zusammen, teilt euch Hotelzimmer und Bambushütte, schläft im selben Bett, um Geld zu sparen. Dass seine Dreads genauso riechen wie die trüben Kanäle Bangkoks, findest du nicht eklig. Du fragst ihn, wovon er lebt. Er sagt: Einmal im Jahr fliege er nach Australien, um dort für zwei Monate Mangos zu pflücken. Auf Reisen bastelt er aus Muscheln und Metall Schmuck, der dich an den Inhalt von Kaugummiautomaten erinnert. Aber John verkauft ihn an andere Reisende. Das Geld genügt, um das restliche Jahr unterwegs zu sein. Am Ende eurer Zeit tauscht ihr E-Mail-Adressen aus und addet euch auf Facebook. Zwei-, dreimal schreibt ihr euch noch, dann habt ihr euch nichts mehr zu sagen. Du hast ohnehin schon so viele E-Mail-Adressen: von Ari aus Israel, die mit ihrem Entlassungsgeld aus der Armee durch Indien reist, von Hans aus Hamburg, der gerade sein Studium beendet hat und noch nicht arbeiten will, oder von Miguel, dem Spanier, der den ganzen Tag bekifft ist. Wahrscheinlich wirst du sie alle nie wiedersehen. Doch sie haben sich wie Kindheitserinnerungen in dein Gehirn gebrannt. Sie erinnern dich an ein Leben, von dem daheim keiner glaubt, dass es möglich ist.

Seit fünf Monaten bist du jetzt unterwegs. Deine Haare sind lang und von der Sonne gebleicht, an deinem Handgelenk baumeln kleine Bänder und Kettchen, und du trägst eine Hose, die eher einem Sack ähnelt, dafür aber auch bei 40 Grad im Schatten nicht an der Haut klebt. Wenn du dich langweilst, packst du deine Sachen und fährst an den nächsten Ort. Nichts und niemand hindert dich daran, dich wohl zu fühlen. Du hast dich an die Aufmerksamkeit gewöhnt, die man dir schenkt: Junge Asiatinnen sind der Meinung, du würdest Brad Pitt unglaublich ähnlich sehen. Die indischen Taxifahrer und Hotelbesitzer behandeln dich wie einen Kolonialherrn. Die übrigen Rucksacktouristen halten dich für eine faszinierende Person – weil du der Einzige bist, mit dem sie auf Englisch eine Konversation führen können, die über den Dialog «You want Motorbike?» – «No, thanks» hinausgeht. Du lebst das Leben eines Stars, für 20 Euro am Tag. Du würdest nicht zurückwollen, würdest du nicht deine Freunde vermissen.

Es kann zur Sucht werden. Es gibt sie, die Leute, die nicht mehr zurückkehren. Fast alle tranken sie zu viel, waren zwar freundlich, aber irgendwie unfähig, längere Bindungen aufzubauen. Und obwohl sie witzige Geschichten aus Bali, Pakistan und Kolumbien erzählen konnten, schimmerten ihre Augen trübe.

Das Geld ist aufgebraucht. Dir dämmert, dass die Scheine nicht nur aus dem Automaten herauskommen. Auf dem Landeanflug fallen dir die geometrisch exakten Linien der deutschen Felder auf. Du ahnst etwas von den Strukturen und dem Rhythmus, der dich daheim erwartet. Nach einem halben Jahr glaubst du, alles müsse sich daheim verändert haben, so wie sich alles in dir verändert hat. Dein bester Freund fragt: «Wie war's? Du musst mir alles erzählen.» Doch nach zehn Minuten erzählt er dir von seinem «krassen Absturz» am Samstag. Deine Schwester gähnt, als sie das 57. Strandfoto sieht. Die Mädchen schauen dich nicht einmal mehr an. Als du einen Fremden in einem Café auf das interessante Buch ansprichst, das er gerade liest, murmelt er nur «Mhmm». Du bist wieder daheim.

Du kannst nicht mehr weg, und das Wetter ist auch beschissen. Du willst wieder weg.

Die Gleichgesinnten

Ort: Bangkok, Thailand

«Backpacker sehen alle gleich aus, je nach Aufenthaltsland gehüllt in einen Sarong, einen Lungi, eine Kurta oder in die bunte Posthippieuniform, die man an Tankstellen der Backpackerautobahn wie etwa Goa oder Chiang Mai billig erwerben kann.»
Ilija Trojanow[1]

Es ist dunkel geworden. Kleine Lichter funkeln, Rauch steigt aus fahrbaren Garküchen empor. Vlad zeigt auf zwei hochgewachsene Thailänderinnen mit exotisch-markanten Gesichtszügen, die mit einem angetrunkenen Backpacker reden. Die Frauen tragen beide ein knappes Kleid und ein tiefes Dekolleté. Ihre Lippen sind voll, ihre Augen unergründlich und schwarz.

«Das sind die Transen. Nachts kommen sie raus und machen sich einen Spaß daraus, Backpacker zu verführen, die zu betrunken sind, um auf die Größe ihrer Hände und Adamsäpfel zu achten.»

Der Mann – er ist jung, nicht älter als 25, groß, gut aussehend – lacht, und die zwei Frauen, die Männer sind, lachen zurück. Eine fährt mit ihrer Hand über seine Brust.

«Er ist gerade angekommen», sagt Vlad. «Er fühlt sich geschmeichelt, er denkt, das sind echte Frauen, und sie stehen auf ihn, weil er etwas Besonderes ist.»

Vlad ist Russe und 65 Jahre alt. Er sieht aus wie eine Mischung aus Mickey Rourke und Mahatma Gandhi. Er trägt ein nicht mehr ganz so weißes Muskelshirt, das seine weiß behaarten, sehnigen Arme nicht verdeckt. Vlad erzählt, dass er vor Jahren eine Bar in Odessa in der Ukraine hatte, eine Thailänderin kennenlernte, mit ihr nach Bangkok zog, sich wieder trennte, nach China fuhr, dort ein Import-Export-Geschäft für Louis-quatorze-Möbel eröffnete und später wieder alles verkaufte. Jetzt reist er nur noch.

Vor ihm steht ein angebissenes Sandwich aus weißem Toastbrot, Schinken und Ketchup. Er raucht und trinkt ein Singha-Bier. Er sagt, auf Reisen erlaube er sich, am Mittag das erste Bier aufzumachen. Vlad reist schon seit Jahren.

Wir sitzen auf roten Plastikhockern an einem Plastiktisch, in dessen Mitte ein Plastikbehälter steht. In dem Plastikbehälter sind Servietten aus sehr dünnem Zellstoff, die sich anfühlen wie Plastik, wenn man sie zwischen den Fingern reibt. Vor uns dröhnt «Porcelain» von Moby aus einer sehr großen Box. Die Musik ist übersteuert, die Bässe kratzen. Davor hat ein Thailänder einen Tisch mit schwarzgebrannten CDs belegt. Ab und zu schreit er einen Passanten an: «Mister, you buy music!»

Die meisten gehen vorbei, aber immer wieder wühlt jemand die unzähligen Tonträger durch, und dann beginnt eine Feilscherei in Pidginenglisch:

«300 baht.»

«Give me discount!»

«Okay, for you 280 baht!»

«Too expensive, I give you 150 baht.»

«Nooo, you crazy? 260 baht.»

«260 baht? No way! I give you 180.»

Das geht noch eine Weile so, bis sich beide auf 230 Baht einigen. Der Thai kramt aus einem Beutel, den er um den Bauch trägt, 20 Baht heraus, und stopft 250 hinein. Er steckt die CDs in eine dünne Plastiktüte, und der Schwede, Engländer oder Deutsche packt sie zu den dreieckigen Sitzkissen, dem Aschenbecher und dem Schachspiel, die er auf ähnliche Art und Weise erstanden hat, und geht weiter.

Ich bin vor fünf Stunden in Bangkok gelandet. Zwei Stunden lang saß ich in einem Taxi, das mich vom Flughafen zur Khaosan Road brachte, zwei weitere habe ich versucht, in einem fensterlosen Zimmer unter einem Ventilator zu schlafen. Es klappte nicht. Ich ging auf die Khaosan, setzte mich auf einen Plastikhocker und schaute mir Leute an. Die Dichte von Dreadlockträgern ist hier wahrscheinlich höher als sonst irgendwo auf der Welt. Jeder Zweite hat etwas Verfilztes auf dem Kopf. Bei manchen handelt es sich um drei Würste, jede dick wie ein Unterarm, deren Gewicht zum Verlust der vorderen Stirnhaare führte. Andere haben Hunderte kleiner Strähnen auf dem Kopf.

Dort, wo die Straße beginnt, sitzen kleine Thais auf Plastikhockern und flechten großen Schwedinnen und Schweizern, die ebenfalls auf kleinen Plastikhockern sitzen, Zöpfe ins Haar – eine Haartracht, die in den Top Ten der «dümmsten Frisuren der Welt» weit oben rangiert. Manche der Dreadlockflechter sehen ausgemergelt aus wie Fakire. Ihre Haut ist tiefbraun, gegerbt von Sonne, Meer und Wind. Ihre Augen leuchten charismatisch und gefährlich zugleich, als hätten sie Hölle und Himmel gesehen. Wahrscheinlich aber haben sie einfach schon lange keinen Sport mehr gemacht und etwas anderes als Reis mit Gemüse gegessen. Viele tragen bunte, sackartige Gewänder, die sie auf Einheimischenmärkten in Nordthailand oder Indien gekauft haben. Die Kleider sagen: «Seht her, mein Träger kennt mehr als diese eine Straße Bangkoks, er kennt die große weite Welt!» Manche haben nicht mal Sandalen an den Füßen, sondern latschen barfuß über den Asphalt, auf dem immer wieder Glasscherben, Reste von thailändischen Nudelgerichten und Plastiktüten liegen. Es sind Strandmenschen, die für den Strand gemacht, aber in der Stadt gestrandet sind. Sie reisen bald weiter, zurück ans Meer, um tagelang nichts zu tun und ihre Jonglierkünste zu perfektionieren. Dort brauchen sie nichts weiter als ein paar Euro täglich für eine Matratze, Reis und Bier.

Gruppen von Jungs tragen Cargo-Hosen und T-Shirts, auf die Labels lokaler Biermarken aufgedruckt sind. Ihre Haut glänzt von der schwülen Luft. Sie haben Glatzen oder lustige Locken, sie lachen und trinken viel. Sie sind ebenso nett wie offen. Sie scheinen zu denken: Alle Menschen, und seien sie noch so verschieden, mögen Bier. Die Verschiedenheit der Welt ist eingedampft auf die Verschiedenheit der Biermarken. Das T-Shirt sagt: «Wir verstehen uns mit jedem, egal aus welchem Land er kommt. Mit jedem, der auf dieselbe Art Spaß haben will wie wir.» Sie schwärmen von Laos, wo sie sich in einem Lkw-Reifen, eine Flasche Bier in der Hand, im Mekong treiben ließen, und von Vietnam, wo sie durch die Tunnel des Vietcong gerobbt sind.

Selten, aber doch hin und wieder, laufen Menschen an mir vorbei, die wie Indiana Jones gekleidet sind. Ihre Gesichter sind ernst, als erforschten sie gerade ein von der Zivilisation vergessenes Land, in dem zahlreiche Gefahren in Form von wilden Tieren und gerissenen Eingeborenen auf sie lauern. Um sich dagegen zu rüsten, tragen sie beigefarbene Tarnkleidung mit 157 Taschen und Geheimfächern. Um ihre Hüfte baumelt eine Wasserflasche, ihren Rucksack tragen sie nicht auf dem Rücken, sondern vor der Brust, um sicherzugehen, dass niemand heimlich ein Geheimfach öffnet und etwas klaut.

Drei winzige japanische Mädchen ziehen mit Hartschalenkoffern und Gucci-Sonnenbrillen vorüber. Einer ihrer Landsleute wird von einem Schweden gefragt, warum er ein T-Shirt trägt, auf dem ein Hakenkreuz prangt. Der Japaner lächelt nur und geht weiter.

«Die Japaner sind die Verrücktesten», sagt Vlad. «Die grinsen immer nur und können kein Wort Englisch. Dann kommen die Israelis. Die sind alle traumatisiert von ihrem Militärdienst und haben nur Feiern im Kopf. Außerdem treten sie nur in Gruppen auf. Die Skandinavier sehen am besten aus. Die Engländer saufen am meisten. Die Deutschen wollen immer alles richtig machen, damit sie niemand als Nazis beschimpft.»

Er beißt tatsächlich noch einmal in das Sandwich, das seit einer Stunde angeknabbert vor ihm liegt, und erzählt eine Geschichte aus einem japanischen Bordell. Er redet von früher, vom Anfang der neunziger Jahre, als er zum ersten Mal hierherkam. Veteranengeschichten, die immer klingen, als sei das «Früher» ein eigenes Land, das heute hermetisch von der Gegenwart abgeriegelt und unbereisbar ist. Als hätte der Erzähler das Privileg, an einem Ort gewesen zu sein, an den ihm niemand mehr nachfolgen kann.

1982 gab es nur zwei Hostels auf der Khaosan Road, Bretterbuden, in denen die Übernachtung nicht mehr als zwei Dollar kostete. Dreimal täglich Pad Thai, ein Nudelgericht, für denselben Betrag in einer der Garküchen gegenüber. Dann – Bangkok feiert seinen 200. Geburtstag – erscheint der erste *Lonely Planet Thailand*. Die 400 Meter lange Straße im Bangkoker Viertel Banglamphu, nicht allzu weit vom Königspalast entfernt, wird auf dem Reiseweg der Rucksacktouristen verzeichnet. Fünfzehn Jahre später ist sie bereits zum Inbegriff des Südostasienurlaubs überhaupt geworden.

Heute gibt es auf der Khaosan Fastfoodrestaurants und Hotels mit Swimmingpools auf dem Dach. Und Tausende Menschen – Thais, Inder, Bergvölker, die etwas verkaufen wollen, und Engländer, Israelis, Schweden, Australier und Japaner, die etwas kaufen wollen. Und auf dieser Straße gibt es alles zu kaufen, was man irgendwie brauchen könnte, wenn man mit dem Rucksack unterwegs ist: schwarz gebrannte CDs, Regenjacken, Frühlingsrollen, Bahncards, Taschenmesser, iPod-Boxen, Presseausweise, dreieckige Sitzkissen, Computer-Betriebssysteme und -Programme, Opiumpfeifen, Taschenlampen, Dildos, Aschenbecher, Armreifen, T-Shirts, Sackhosen, Rucksäcke, aus Holz geschnitzte Elefanten, Batiktücher, Moskitonetze, Klopapier, Regenjacken, Maiskolben, Schachspiele, Murakami-Romane und Wanderschuhe.

Kleine Reisebüros verkaufen Zug- und Flugtickets nach Chiang Mai, nach Poipet an der kambodschanischen Grenze, auf die Abhänginseln Koh Phangan und Koh Tao im Golf von Thailand und nach Rangun, Schanghai und Hanoi. Tagsüber flimmern in den Cafés die neuesten Hollywoodfilme über die Mattscheibe, und nachts trinken Billigreisende aus der ganzen Welt Red Bull mit Mekong-Whiskey aus Eimern. Alles ist billig. So billig, dass es selbst ein Tagesbudget von 15 Euro zulässt, sich neu einzukleiden. Die Welt des Backpacking wurde auf die Größe dieser Straße zusammengepresst und auf kleinsten Raum übereinandergestapelt.

Die Khaosan in Bangkok ist der bekannteste Knotenpunkt des Banana-Pancake-Pfades, in Abwandlungen aber gibt es sie in fast jedem Land: In Delhi ist es der Main Bazaar, die Ecke um das Leopold Café in Mumbai, in Istanbul die Gegend um die Sultan-Ahmed-Moschee, in Ho-Chi-Minh-Stadt die Pham Ngu Lao. Knotenpunkte wie die Khaosan sind Ausgangs- und Endpunkte fast jeder Rucksackreise, eine Art postmoderne Karawanserei. Sie sind die ersten Anlaufpunkte nach einem 14-Stunden-Flug und einer Taxifahrt. An diesen Straßen liegen die billigsten Hostels, die selten mehr als zehn Euro pro Nacht kosten. Dort landen all jene, die für sechs Monate die Welt und sich selbst finden wollen, und all jene, die die letzten Monate lang alles andere, nur das nicht, gefunden haben.

Aus Sicht der Einheimischen dreht es sich um die Frage: Wie befriedige ich die Bedürfnisse einer heterogenen Masse von Tausenden Backpackern auf begrenztem Raum? Aus Sicht der Backpacker geht es um die Frage: Wie sehe ich möglichst schnell wie jemand aus, der seit 14 Monaten durch die Welt reist, und nicht mehr wie jemand, der sich eben noch intensiv in einem deutschen Tropeninstitut über gefährliche Krankheiten in Südostasien hat beraten lassen? Straßen wie die Khaosan sind der Grund, weshalb sich alle Rucksacktouristen ähneln. Hier findet die Transformation vom Normalo zum Teilzeitaussteiger statt. Hier findet die Transformation des inneren Wunsches nach Ausnahmezustand in eine äußere Entsprechung und Anpassung.

Man kann sich über sie aufregen, wie die Journalistin Kathrin Hartmann: «Je ausgemergelter, schmutziger, vernarbter und braun gebrannter sein Körper ist, desto höher sein Status. Er trifft die anderen in Backpackerhostels, die so wie viele andere Anlaufstellen entstanden sind, weil die Welt wenigstens ein bisschen verdienen will am Rucksacktourismus.»[2]

Man kann die Backpacker wie Iris Bahr in ihrem Roman *Moomlatz* in sechs Gruppen einteilen:

1. dürre, verdrogte Engländer oder Italiener mit schiefen Zähnen, die fünf Jahre lang durch Indien gewandert sind,

2. sehr, sehr hübsche, schlanke Australierinnen und Schwedinnen, die aussehen wie verruchte Supermodels,

3. mit Testosteron aufgepumpte Israelis, gerade aus der Armee entlassen,

4. ihre weiblichen Landsleute, allerdings nicht so gut aussehend wie Kategorie 2,

5. «Isra-Afros», sehr laut auftretende Zeitgenossen mit einer Vorliebe für psychedelische Drogen,

6. «Waschlappen, Dorftrottel», die von anderen Gruppen gelegentlich wegen ihres gutsortierten Medikamentenkoffers angeschnorrt werden.

Man kann versuchen, die Gruppe der Backpacker objektiv zu beschreiben. In einem der wenigen wissenschaftlichen Bücher, die es zu dem Thema gibt – *Globality: Eine Ethnographie über Backpacker* –, fasst Jana Binder fünf Kriterien zusammen, die einen Backpacker zum Backpacker machen: das Bevorzugen billiger Unterkünfte, den Wunsch, andere Reisende zu treffen, eine individuell organisierte Reiseplanung, überdurchschnittlich lange Aufenthalte und den Wunsch nach informellen, erlebnisorientierten Aufenthalten. Backpacker sind zwischen 18 und 33 Jahre alt, die meisten zwischen 22 und 27. Sie entstammen der Mittelschicht, überproportional viele von ihnen kommen aus Nordeuropa und Israel, unterproportional wenige aus Südeuropa und den USA.

Man kann sich zu Recht darüber aufregen, dass der Wunsch, eine individuelle Reise zu machen, pervertiert wird, wenn man dabei auf zehntausend Gleichgesinnte an den immer selben Orten trifft. Dass es selbstgefällig und heuchlerisch ist zu glauben, man reise besser, ehrlicher und interessierter, bloß weil man in denselben Bussen wie die Einheimischen fährt. Man kann es für absurd halten, dass ausgerechnet die Menschen, die so großen Wert auf Individualität beim Reisen legen, die immer gleichen Erfahrungen machen.

Eine der Transen nimmt jetzt den Mann an der Hand und zieht ihn die Khaosan hinunter. Er lächelt, er sieht glücklich aus. Schüchtern legt er seinen Arm um sie. Als er merkt, dass es ihr gefällt, fasst er selbstsicherer zu. Der CD-Verkäufer grinst, der junge Mann grinst zurück.

«Sie geht jetzt mit ihm ins Hotel», sagt Vlad.

«Gegen Geld?»

«Vielleicht. Manche machen es auch aus Spaß, ohne dafür etwas zu nehmen.»

«O Gott», sage ich. «Schrecklich!»

«Warum?», fragt Vlad. «Solange er nicht erfährt, dass es keine Frau war, und er nicht weiß, dass sie dieselbe Nummer bereits bei Hunderten anderer Backpacker abgezogen hat. Der Typ wird glücklich in sein Hostel zurückgehen und sich, bevor er einschläft, denken, dass dieses Land großartig ist und seine Reise nicht besser beginnen könnte.»

Lonely Planet, die blaue Bibel

Ort: Zipolite, Mexiko

«*Überall: die anderen Backpacker. Die weißen Stöpsel ihres iPod in den Ohren, lesen sie Paulo Coelhos Der Alchimist oder Alex Garlands The Beach. Oder sie markieren die günstigsten Hostels im Lonely Planet-Reiseführer. ‹Where are you from, where have you been, where are you going?›*»
Amrai Coen[3]

Alan glaubt, frei zu sein. Er läuft über den Strand, springt hin und wieder hakenschlagend wie ein Kaninchen in die Höhe. In der Hand hält er ein blaues Buch. Daraus reißt er immer wieder einzelne Seiten heraus und wirft sie in den Wind. «Ich brauch es nicht, ich bin frei, ihr braucht es alle nicht!», ruft er.

Alan hat rote, vom Salzwasser und der Sonne verfilzte Haare, die nach allen Seiten abstehen. Er sieht aus wie ein Kobold, der besessen einen Strand entlangtobt. Er läuft und reißt und reißt und läuft, bis das Rauschen der Wellen seine Stimme verschluckt und die dünnen Seiten des *Lonely Planet Mexico* vom Wind auf den Pazifik hinausgeweht werden. Jurek und ich baumeln weiter in unseren Hängematten.

«Er übertreibt», sagt Jurek mit osteuropäischem Akzent. «He is a bit krrrazy.»

Neben uns in der Bar bestellt ein Österreicher das achte Bier, obwohl es erst 16 Uhr ist. Eine blonde Deutsche, die irgendwann mal einen Spanischkurs in Guatemala besucht hat und dann nach Mexiko mit einem Brasilianer durchgebrannt ist, bringt es ihm. Es läuft «Mr. Tambourine Man» von Bob Dylan. Ich will mir den Schweiß von der Stirn wischen, doch genau in diesem Moment erreicht meine Haut eine kühlende Brise von den Weiten des Pazifiks.

Zipolite ist ein großartiger Ort. Ein paar eher provisorisch zusammengezimmerte Bars und Cafés reihen sich an dem vielleicht drei Kilometer langen Sandstrand aneinander. Es gibt nur wenige Zimmer, die meisten von uns schlafen für zwei Euro pro Nacht in einer Hängematte. Am Ende des Strands liegt ein esoterisches Kloster, wo Yogis und Meditationsfreaks leben, sagt zumindest der Österreicher. Allerdings hat sich noch keiner von uns die Mühe gemacht, das zu überprüfen.

Die, die nicht im Kloster meditieren, lungern in Hängematten herum und tun nichts. Den ganzen Tag bewundern wir die mächtigen Pazifikwellen, die sich in sicherer Entfernung von uns mit Gebrüll brechen. Die Strömung ist sehr stark, man kann eigentlich nur bis zu den Knien ins Wasser gehen. Dann schon spürt man die Kraft des Wassers. Es gibt Bier, mexikanische Tacos und außerdem alle Arten von Drogen zu kaufen. Der Strand ist abgelegen, nur eine holprige Straße führt dorthin. Es gibt keine Polizei. Nur einmal am Tag donnert ein Militärhubschrauber über den Himmel. Der Österreicher sagt, die Soldaten halten nur Ausschau nach Frauen, die sich oben ohne sonnen. Der Österreicher sagt aber auch, dass sich in Zipolite international gesuchte Terroristen verstecken. Nachts fällt oft der Strom aus.

Jurek und ich sind hierhergefahren, weil im *Lonely Planet Mexico* stand: «It's a place where you can do as little as you like and enjoy good food and inexpensive accommodation all in wonderfully elemental surroundings of crashing surf, pounding sun, rocky headlands and tree-covered hills. Inexpensive places to stay and eat line the beach, many still reassuringly ramshackle and wooden and with tall thatched roofs that help to create the unique Zipolite landscape. This is one of those magical places where you may find yourself postponing departure more than once.»[4] Jurek und ich waren der Meinung, dass diese Beschreibung sehr gut klang.

Alans Ausraster ging eine Diskussion voran: Seitdem er Neuseeland vor neun Monaten verlassen hat, ist kein Tag vergangen, in dem er nicht in dem blauen Buch geblättert hat. Es ist ihm zur Bibel geworden, es sagt ihm, welches Hotel er aufsuchen soll und wie viel der Bus zum nächsten Hotel in der nächsten Stadt kostet. Es informiert ihn über Geographie, Geschichte und Gebräuche des Landes, das er gerade bereist. In ihm steht, welche Gegenden von Mexico City er besser meiden soll und wo man den billigsten Tauchkurs machen kann. In diesem Buch steht schlicht alles, was man bei einer Reise auf dem Banana-Pancake-Pfad (resp. Gringo Trail) wissen muss. Mehr noch: Dieses Buch ist der Banana-Pancake-Pfad selbst.

Nicht dass Alan mit seiner Obsession für dieses Buch allein wäre – alle hier lesen ständig darin. Man kann es immer wieder aufschlagen und einen kleinen Absatz aus der auf sechs Seiten zusammengefassten Geschichte Mexikos lesen. Oder mal kurz schauen, wie viel das billigste Hotel in Palenque kostet. Oder gucken, was die Durchschnittstemperatur in Tijuana. Oder, wie viel Tampons kosten, oder, was man als Schwuler so machen kann. Ich trage es immer bei mir. Es hat mittlerweile unzählige Eselsohren, der Einband ist brüchig, und einige Seiten fehlen. Ich habe sie herausgerissen, als ich gerade keine Lust hatte, das ganze dicke Ding mit mir herumzuschleppen. Ich bin stolz darauf, dass das Buch so aussieht. Ein echter *Lonely Planet* muss aussehen wie ein gealterter Boxer: rau, verbraucht und wild. Aus ihm müssen Sandkörner rieseln. Er muss salzig wie das Meer und urig wie der Dschungel riechen. Wieder daheim, stellt man das Buch ins Regal zu den anderen Büchern mit den blauen Einbänden, und wenn jemand zu Besuch kommt, fragt der Gast: «Da warst du schon überall? Krass!» In schlechten Momenten, nach Jahren, wenn ein kalter Regen fällt, es viel zu früh dunkel geworden ist und man sich auf nichts anderes als eine Badewanne freuen kann, nimmt man das Buch wieder in die Hand und sucht gierig nach den alten Sandkörnern von den Stränden Indiens, Mexikos und Brasiliens, als trügen sie das Glück vergangener Tage in sich.

Bevor der *Lonely Planet* auf den Markt kam, gab es den Drifter. Er war, so beschrieb ihn Eric Cohen 1972, «der Touristentyp, der sich von ausgetretenen Pfaden und den gewohnten Lebensweisen seines Heimatlandes wegwagt. Er meidet jegliche Verbindung zu einer touristischen Infrastruktur und empfindet gewöhnliche touristische Erlebnisse als unecht. Er neigt dazu, sich ganz auf eigene Faust durchzuschlagen, lebt mit der lokalen Bevölkerung und nimmt oft Gelegenheitsbeschäftigungen an, um weiterzukommen. Er versucht, so zu leben, wie die Menschen, die er besucht, […] hat keinen festen Reise- oder Zeitplan und keine klar definierten Reiseziele. Er taucht nahezu vollständig in die Gastkultur ein.»[5]

Dann aber kamen Tony und Maureen Wheeler. 1972 reisen sie von Europa nach Australien. So verläuft damals die Hippie-Route: Amsterdam, Istanbul, Kathmandu, Goa, Bangkok. Nach etlichen holprigen Busfahrten, Kamelritten und Übernachtungen bei afghanischen Bauern und indischen Kamelhändlern kommen sie schließlich in Südostasien an. Die nächsten Monate verbringen sie damit, in einem Hotel in Singapur ihre Erfahrungen in Form eines Reiseführers niederzuschreiben. Auf den Titel kommt Wheeler angeblich, weil er in dem Song «Space Captain» von Joe Cocker «lonely planet» anstatt «lovely planet» versteht.

1973 erschien der erste *Lonely Planet*-Band mit dem Titel

Southeast Asia on a Shoestring. Er richtete sich an Individualtouristen, Hippies, die reisen, aber dabei so wenig Geld wie möglich ausgeben wollten. Damals war das eine Weltneuheit. Reisen war etwas für reiche Leute. Und reiche Leute, die reisten, gaben nicht wenig, sondern viel Geld aus. Plötzlich aber machten sich Tausende von jungen Leuten mit wenig bis gar keinem Geld auf den Weg. Und weil es plötzlich ein Buch gab, das ihnen sagte, wo man in Teheran, Kabul und Delhi billig übernachten konnte, für welches der Länder man ein Visum brauchte und wo man am besten die Grenze von Pakistan nach Indien überquerte, wurde das Reisen mit wenig Geld noch ein bisschen leichter. Der *Lonely Planet* füllte eine Marktlücke! Er war das perfekte Buch für neugierige Mittelschichtskinder, die mal kurz ausbrechen wollten, ohne dafür arbeiten zu müssen, bis sie 50 Jahre alt waren. Es folgten Reiseführer für Nepal, Neuseeland, Europa und Afrika. 1981 erschien der *Lonely Planet India*; zu dieser Zeit beschäftigte das Unternehmen schon zehn Mitarbeiter.

Heute, fast 40 Jahre später, liegt die Gesamtauflage bei 55 Millionen. 150 Autoren sammeln regelmäßig Reiseinformationen für jedes noch so kleine und abgelegene Land auf diesem Planeten. Der Verlag beschäftigt über 400 Angestellte. Er hat Niederlassungen in Paris, London, Melbourne und Oakland. Es gibt 650 Titel für 230 Länder (nur Nordkorea und der Irak fehlen, sind aber in der Ausgabe für Südkorea bzw. den Mittleren Osten abgehandelt) in 14 verschiedenen Sprachen. Es gibt das *Swahili Phrasebook* und eine Ausgabe für das Sultanat Brunei. Es gibt Internetforen, *Lonely Planet*-Schlafsäcke und DVDs. In der Deutschland-Ausgabe werden Deutschlands einzige ethnische Minderheit, die Sorben, genauso vorgestellt wie die Nacktbader am Münchner Eisbach. Es gibt Tipps für Schwule, Schwangere und Behinderte. In den Führern erfährt man etwas über chinesische Steckdosen und die Jahresdurchschnittstemperatur in Bel-

grad. Es gibt Bücher für Städte, Länder, Regionen und Kontinen-
te. Aus dem kleinen Unternehmen ist ein Imperium geworden,
das mittlerweile der BBC einverleibt wurde.

Heute gehört der *Lonely Planet* zu einer Reise wie der Rucksack. Er ist der wichtigste Kompass, um den Banana-Pancake-
Pfad zu finden. Er ist der Beleg dafür, dass man die Welt der Rollkoffer hinter sich gelassen hat.

Den Drifter, wie ihn Eric Cohen 1972 beschrieb, den unabhän-
gigen Globetrotter, der in fremde Kulturen eintaucht, gibt es nicht
mehr. Es kann ihn nicht mehr geben, weil es zu viele von seiner
Sorte gibt. Sie sammeln und kumulieren sich allerorten. Sie rotten
sich zusammen und bilden eigene kleine Gemeinschaften. Und
weil sie es genießen, mit einem Buch zu reisen, das ihnen die Reise
so leicht macht wie einen Strandurlaub in Griechenland, landen
sie alle in denselben Hostels, fahren mit den denselben Bussen,
lungern an denselben Stränden herum, besichtigen dieselben Pyramiden und Tempel und wandern durch denselben Dschungel.
Dort, wo einmal kein Weg war, ist heute eine Autobahn.

Allein: Der Individualtourist fühlt sich nicht mehr so individuell, wenn er seine Zeit mit anderen Individualtouristen verbringen muss. An jedem im Buch der Individualtouristen er-
wähnten Ort warten bereits Dutzende (oder an Orten wie der
Khaosan Road in Bangkok Tausende) andere Individualtouristen
mit dem blauen Buch in der Hand. Der *Lonely Planet* übernimmt
dabei dieselbe Funktion, die das Handy für die Daheimgebliebenen hat: Jede freie Minute wird dafür genutzt, nochmals etwas
nachzulesen, zu checken und zu planen. In jedem Café, egal
ob Panama, Bangkok oder Marrakesch, sitzen junge Menschen
in dieses eine Buch vertieft. Es ist ihr Erkennungszeichen, ihr
sicherer Felsen auf einer unsicheren Reise, ihr unverzichtbares
Vademekum. Backpacker, die ihren *Lonely Planet* verlieren, er-
leiden denselben Panikschub, der die Daheimgebliebenen ereilt,

wenn sie bei einem Griff in die Hosentasche feststellen, dass sie ihr Handy verloren haben.

Nach neun Monaten Reise, vier Bier und zwei Tacos ist Alan das am Strand von Zipolite klargeworden. Plötzlich leuchtet ihm ein, weshalb er ständig an jedem Ort Schweizer, Deutsche, Tschechen, Israelis und Engländer trifft, weshalb sie immer in denselben Hotels wohnen wie er und immer genau dieselbe Maya-Pyramide besichtigen wollen. Ihm ist auch klar, weshalb neben ihm in der Hängematte Jurek und ich liegen. Er hat gesagt: «Wir sind doch Sklaven dieses Buches! Euch beide habe ich nur getroffen, weil wir mit demselben Buch reisen! Und die da dort drüben!» – er deutet auf eine Gruppe Spanier mit Dreadlocks, die gerade dabei sind, das grobe mexikanische Marihuana zu zerkleinern – «die sind auch nur da, weil sie im *Lonely Planet* gelesen haben, dass Zipolite ein einsamer Strand ist!»

Jurek und ich nehmen es Alan nicht übel, er hat das nicht als Beleidigung gemeint.

Ein Strandköter jagt jetzt bellend einer im Wind flatternden Seite hinterher. Alan ist mittlerweile zu einem kleinen, wütenden Punkt am Ende des Strandes geschrumpft.

Jurek und ich haben uns gerade noch ein Bier bestellt, wortlos glotzen wir auf die gewaltigen Wellen, in denen angeblich mindestens einmal im Monat ein besoffener Backpacker ertrinkt, der die Unterströmung unterschätzt – sagt zumindest der Österreicher. Es ist etwa eine Stunde vor Sonnenuntergang, als Alan zurückkommt. Sein nackter Oberkörper glänzt vor Schweiß, seine Zunge hängt wie bei einem Hund ein Stück weit aus seinem Mund heraus, doch ansonsten strahlt Alan.

«Die letzten neun Monate waren Mist», sagt er. «Es war nicht meine Reise, es war die Reise dieses vermaledeiten Buches: Ich habe gesehen, was andere gesehen haben, und habe dort übernachtet, wo andere geschlafen haben, ich habe erlebt, was andere erlebt haben, Menschen getroffen, die andere getroffen haben. Ich bin auf den Pfaden anderer gereist. Es war alles austauschbar. Ab heute wird das anders!»

Alan verkündet uns, dass er Zipolite morgen verlassen wird. Er will Richtung Chiapas und dann Guatemala oder Belize, ach, eigentlich ist es ihm egal, wohin, sagt er. Hauptsache weg und ohne dieses elende Buch unterwegs sein. «Ich werde mich endlich treiben lassen. Ich werde in eine fremde Stadt kommen. Ich werde keine Ahnung haben, wo ich schlafe, wo ich esse und was es zu sehen gibt. Ich werde endlich richtig frei sein. Ich werde echte Abenteuer erleben wie all die Reisenden vor mir, als es noch keinen *Lonely Planet* gab. Gleich morgen nehme ich den ersten Bus!»

Die Sonne nähert sich jetzt langsam dem Horizont. Sie wird rot und allmählich lila. In Zipolite beklatschen die Backpacker den Sonnenuntergang, weil er ein Schauspiel ist und weil sonst nicht so viel passiert. Etwa eine halbe Stunde dauert das Spektakel und auch, wenn man den ganzen Tag nichts anderes getan hat, als in einer Hängematte zu liegen, hat man wegen dieses Sonnenuntergangs am Ende des Tages das Gefühl, etwas Großartiges erlebt zu haben.

Ist die Sonne weg, springen nach und nach die Generatoren der Strandbars an. Die Gäste verlassen ihre Hängematten, sprühen sich mit Autan ein und setzen sich auf die halb im Sand versunkenen Holzbänke und Plastikstühle. Sie trinken Bier und fragen sich gegenseitig, aus welchen Ländern sie kommen, wo sie schon waren und wo sie als Nächstes hinfahren. Sie versichern sich gegenseitig, wie großartig dieser Ort ist und dass sie schon viel länger hier sind, als sie eigentlich vorhatten. Der Österreicher sagt dann immer, dass er schon seit sechs Wochen hier ist und ihn eigentlich gar nichts anderes in Mexiko interessiert als dieser Strand. Es ist jeden Abend dasselbe.

Alan sieht sehr entschlossen aus. Seine wilden roten Haare liegen jetzt windschnittig.

«Wisst ihr, um wie viel Uhr der erste Bus Zipolite verlässt?», fragt er.

«Moment», sagt Jurek. Er greift unter seine Hängematte, blättert in seinem blauen Buch und sagt dann: «Hier steht um 6.30 Uhr.»

Auf der Suche nach dem perfekten Strand

Ort: geheim, irgendwo in Costa Rica

*«The next morning, the ‹perfect beach› so many have searched
for is littered with human bodies, and being used as a toilet by
some of the male backpackers.»*
Regina Scheyvens[6]

«Das ist er», flüstert Patrick und nimmt sein Billabong-Cap vom
Kopf. Es ist das erste Mal, dass er das tut. Ich kenne Patrick nur
mit Billabong-Cap. Dass er es nun abnimmt, ist eine Geste der
Ehrfurcht. Vor uns erstreckt sich eine Sandautobahn von drei
Kilometern Länge. An beiden Enden erheben sich Klippen, die
den Strand begrenzen und abschirmen. Der Sand ist weiß wie
Salz. Er glänzt in der Sonne, so sehr, dass die Augen schmerzen.
Palmen verneigen sich elegant darüber. Das Wasser ist klar und
türkisfarben. Dort, wo das Land beginnt, plätschern die Wellen
sanft auf den Sand. Weiter hinten türmen sie sich mannshoch
auf, nur um sich kurz darauf mit Gebrüll zu brechen. Ein Strand,
wie er besser, schöner, unbefleckter nicht einmal auf einer Post-
karte aus den achtziger Jahren hätte sein können.

«Das ist der Strand, der Strand», sagt Patrick wieder.

Er wollte unbedingt hierher. Seitdem ich ihn vor ein paar Tagen in einem Chicken-Bus in Nicaragua kennengelernt habe, hat
er von nichts anderem geredet, als diesen Strand zu finden. Er ist
besessen. Er ist durch ganz Mittelamerika gereist, hat Reisefüh-

rer gewälzt und Buschtrommeln abgehört. Er hat Hostel-Besitzer gefragt und Surfer genervt, die sich mit Stränden oft am besten auskennen, bis er schließlich einen Namen hatte. Patrick will den perfekten Strand finden. Er hat gesagt: «Meine ganze Reise ist nur die Hälfte wert, wenn ich nicht *den* Strand finde!»

Was diesen Strand zu *dem* Strand macht? Nichts. Oder fast nichts. Da sind nur drei windschiefe Hütten, in einer davon werden wir übernachten. Ein zahnloser Latino steht mit einer Zigarette im Mundwinkel vor einer Fritteuse. Im Fett schwimmen Kochbananen. Er grinst, ein Stück Asche fällt in die Fritteuse.

«¿Quieres platano?», quäkt er. Es klingt, als wollte er uns seine 13-jährige Tochter verkaufen.

«Ist schön hier», sage ich, «aber bisschen wenig los.»

«Wenn du Party machen willst, flieg halt nach Ibiza.»

«Ich mein ja nur … Es ist niemand hier außer uns und dem Latino da.»

Abgesehen von den Hütten, der Fritteuse und einem Köter, der in sicherer Entfernung um die Fritteuse herumschleicht, ist nichts zu sehen. Keine Bar, kein Hotel, kein Supermarkt, vor allem: keine Menschen. Hinter uns liegt nur eine breite Straße, auf der uns ein Lkw hergebracht hat. Zuvor sind wir mit dem Bus von San José in eine Kleinstadt gefahren, deren Name ich vergessen habe. Dort beschwatzten wir eine Stunde lang costaricanische Bauern, uns zu dem geheimen Ort zu bringen. Die meisten sahen uns an, als hätten wir gefragt, ob wir ihr Bananenfeld besichtigen könnten. Niemand verstand, was zum Teufel diese zwei Gestalten mit den dreckigen T-Shirts, den Sonnenbrillen, den viel zu großen Rucksäcken und dem Billabong-Cap dort wollten. Schließlich konnten wir einen Lastwagenfahrer überreden, uns in seinem Führerhaus mitzunehmen. Der Fahrer sprach kaum. Von der Decke baumelten mehrere Marienbilder, darunter lag ein Pornoheft. Wortlos ließ er uns aussteigen, als

Patrick ekstatisch «Stop, señor, stop, está aquí! Stop, stop, stop!»
schrie. Er zuckte mit den Schultern und ließ sich von uns ein
wenig Geld geben, um dann weiterzufahren.

Etwa alle zehn Minuten kommt ein Auto vorbei. Hinter der
Straße erstreckt sich ein bewaldeter Hügel. Auf dem Hügel ist
nichts außer eben Wald.

«Mann, wir haben gerade *den Strand* gefunden! Danach suchen alle Traveller in ganz Mittelamerika, ach was, auf der ganzen Welt!», sagt Patrick.

Er hat recht. Alle suchen immer den einen Strand.

In *The Beach* bekommt Leonardo DiCaprio eine Schatzkarte
von einem Junkie-Schotten, auf der der heilige Strand einge-
zeichnet ist. Nach diversen Strapazen und einer nicht so ange-
nehmen Begegnung mit thailändischen Drogenguerilleros erreicht er ihn schließlich. Eine exklusive Backpackergemeinde hat
sich dort eingenistet. Das einzige verbindende Element, das die
Gruppe zusammenhält, ist die kollektive Meinung, am besten
Strand der Welt zu leben. Noch heute läuft *The Beach* in den Lä-
den an der Khaosan. Den Film neben einem schwitzenden, be-
trunkenen Iren in einem überfüllten Café in völlig überdrehter
Lautstärke anzusehen gehört zu den Initiationsriten jeder Back-
packerreise.

Der Strand ist der Sehnsuchtsort fast aller Bewohner der
nördlichen Hemisphäre, die sich von den Anforderungen der
Post-Industriegesellschaft gebeutelt wähnen. Am Strand, glauben wir, wird das Leben mit einem Schlag gut. Jeder Urlaub
muss in die Berge, besser aber an den Strand führen. Ohne die
Dreierkombi Sonne, Sand, Meer scheint es überhaupt keinen
Sinn zu machen, die Heimat zu verlassen. Der Strand steht für
Faulenzen, Abhängen, Abschalten, Alles-gut-sein-Lassen, Dicht-
machen, Nichtstun, Runterkommen, Zusichkommen und Den-
ganzen-Tag-fast-nackt-Rumlaufen. Am Strand trifft man die

Hängengebliebenen mit salzverkrusteter und sonnenverbrannter Haut, die ihre kalte Heimat das letzte Mal vor fünf Jahren gesehen haben und die in einer Stadt wahrscheinlich innerhalb kurzer Zeit verkümmern würden, weil sie nicht mehr an Lärm und Stress und Arbeit gewöhnt sind.

Für die meisten Backpacker, die nicht länger als drei Monate unterwegs sind, ist der Strand der Gipfel. Der Strand ist dran, nachdem man Tage in klapprigen Bussen und Zügen mit sonderbaren Einheimischen verbracht hat, nachdem man alle Tempel und Pyramiden, die im *Lonely Planet* als sehenswert vermerkt sind, besichtigt hat, nachdem man auf dem Rücken eines Elefanten durch den Dschungel geritten und verschwitzt durch Megametropolen gehetzt ist. Man fotografiert den Strand, und es muss gar kein anspruchsvolles Bild sein: Brandung, Sand und vielleicht eine Palme am Bildrand genügen. Man lädt die Bilder auf Facebook hoch, woraufhin alle Daheimgebliebenen das Posting ebenso neidisch wie sehnsüchtig mit «Da wäre ich jetzt auch gern» oder «Du Drecksau!» kommentieren. Der Strand ist der sichtbarste Beleg dafür, dass man sich an einem Ort befindet, an dem alle anderen eigentlich auch gern wären. Es führt dem Reisenden nochmals vor Augen, dass er genau das Richtige getan hat. Der Strand ist ein Zustand, der dem Paradies nahekommt. Der Strand ist die Verheißung des Reisens überhaupt. Das Strandfoto zeigt den Daheimgebliebenen: Diese Reise hat sich gelohnt.

Nur ist Strand nicht gleich Strand. Ein Strand mit Strandkorb, Supermarkt und Friseursalon ist ein gentrifizierter Strand. An solch einem Ort gewesen zu sein ist ungefähr so speziell, wie im Hard Rock Café Paris eine Cola mit Vanilleeis getrunken zu haben. Wichtig am perfekten Strand ist, dass erstens kaum Menschen und zweitens die richtigen dort sind. Einen solchen Strand zu finden ist eine Mission. Es geht darum, etwas Besonderes zu entdecken, um sich so zu vergewissern, dass man selbst ein besonderer Mensch ist.

Rucksackveteranen lieben Sätze wie: «Koh Phangan? Da brauchst du nicht mehr hinzufahren! Da gibt es jetzt sogar ein Starbucks!» – «Goa? Vor 20 Jahren war das gut – aber heute sind da nur noch besoffene Russen.» Oder: «Zipolite? Vergiss es, die haben jetzt sogar durchgehend Strom.» Der perfekte Strand ist nämlich wie eine angesagte Bar oder eigentlich wie alle coolen Dinge: Sie zerstören sich selbst. Je einsamer, perfekter, abgelegener der Strand ist, desto mehr Leute wollen dorthin. Aber je mehr von ihnen kommen, desto schneller ist die kritische Masse erreicht.

Und dann kippt alles. Die Einheimischen wollen Geld verdienen, erst ein bisschen, dann immer mehr. Sie merken, dass sich immer öfter verlottert aussehende und tendenziell knauserige Menschen mit iPods aus Ländern, die sie selbst nur aus Filmen kennen, für ihren Strand interessieren, den sie bisher für den gemütlichen Arsch der Welt gehalten haben. Und da die Engländer, Israelis, Norweger und Deutsche gern E-Mails schreiben, stellt man einen Computer neben die Bambushütte. Weil die Menschen Hunger haben, zimmert man aus Sperrholzplatten und Bambus eine Konstruktion zurecht, hängt bunte Glühbirnen daran und nennt es «Restaurant». Weil sie Dinge wie Zigaretten, Tampons und Duschgels brauchen, eröffnet man einen kleinen Tante-Emma-Laden. Noch ist alles im grünen Bereich. Der Strand liegt jetzt auf dem Banana-Pancake-Pfad. Aber weil das Leben in der Strandhütte nun ein paar kleine Annehmlichkeiten mehr bietet, die den Strand noch ein bisschen besser machen, spricht sich die Attraktivität des Strands in den Hostels der Städte herum. «Der beste Strand, der absolut beste!», erzählt der Typ im Hostel von San José oder Bangkok mit einem Gesicht wie Anthony Quinn in *Der alte Mann und das Meer*. «Und er steht noch nicht im *Lonely Planet*.» Auf die Hardcore-Hänger folgen jetzt die ersten Vier-Wochen-Backpacker. Sie haben höhere Ansprüche, wollen ein eigenes Bad und Klo und eine Klimaanlage.

Fünf Jahre später ist aus dem Computer mit der schweißigen Tastatur ein Internetcafé geworden. Der kleine Laden für tägliche Gebrauchsgüter ist zu einem Seven-Eleven-Supermarkt angeschwollen, und der Imbissstand hat sich zur Pizzeria ausgewachsen. Später folgen dann Friseursalons, Kneipen, Starbucks, Bumsläden. Sobald ein Starbucks oder Bumsladen da ist, kann man die Sache komplett vergessen. Sie sind ein sicheres Zeichen dafür, dass man fünf Jahre zu spät dran ist. Ganz am Ende wird ein Resort gebaut, und besoffene Russen in Stringtangas spielen Badminton am Strand. Wenn irgendwo reiche Russen aufschlagen, ist es unwiederbringlich vorbei.

Weil das fast immer nach diesem Schema so läuft, sollte man nicht zweimal an denselben Strand fahren. Es kann nur schlechter werden. Ein einsamer Strand ist eine sich selbst zerstörende Prophezeiung. Den Backpackern in *The Beach* ist es streng verboten, irgendjemandem von dem Strand zu erzählen. Nur, wenn niemand von dem Strand weiß, kann er bleiben, wie er ist. Das ist natürlich überhaupt nicht praktikabel. Denn wer will schon am perfekten Strand gewesen sein, ohne das den Daheimgebliebenen mitteilen zu dürfen? Man kann den perfekten Strand also nur mit Glück finden. Ist man dort angelangt, wird man sofort zum Teil des Problems. Die eigene Anwesenheit trägt dazu bei, den perfekten Strand zu zerstören. Dann sollte man unbedingt und unverzüglich all die Dinge tun, die man schon einmal tun wollte, wenn man an einem einsamen, perfekten Strand ist.

Es gibt aber noch ein anderes Problem. Das Foto eines perfekten Strands verbirgt vieles. Unser Strand – eigentlich ist es Patricks Strand – befindet sich noch in der allerersten Phase: so ungentrifiziert und echt wie Neukölln im Jahr 2004. Der Einzige, der hier Geschäfte machen will, ist der zahnlose Latino mit seinen Kochbananen. Er zeigt uns grinsend unseren Schlafplatz für heute Nacht. Es handelt sich um das einzige Gebäude aus Stein. Das Haus besteht aus nur aus einem Zimmer, und bis auf ein Stockbett aus lila angestrichenem Metall ist das Zimmer leer. Fenster gibt es nicht. Der Latino – er stellt sich als «Pedro» vor – macht das Licht an. Eine Halogenröhre an der Decke taucht den Raum in kaltes Licht. Tausend kleine Füße trommeln auf Stein. Kakerlaken auf der Flucht.

«Wir sind ja eh nur zum Schlafen hier», sagt Patrick. Wir werfen unsere Rucksäcke in die Ecke und folgen Pedro zurück zur Bananenfritteuse.

Pedro spricht sehr undeutlich, aber nach mehrmaligem Nachfragen erfahren wir, dass hierher nur sehr, sehr selten Gäste kommen. Aber vor ein paar Wochen seien zwei Schwedinnen hier gewesen. «Suecas», wiederholt Pedro nochmals und grinst uns mit seiner Zahnlücke an.

«Warum kommt niemand hierher?», fragt Patrick. «Es ist doch großartig hier! Ich meine, der Strand … Der Strand!»

«Mosquitos», murmelt Pedro und fügt ein weiteres spanisches Wort hinzu, das wir beide nicht verstehen. Er hievt mit einer Schöpfkelle frittierte Bananen auf zwei Pappteller. Das Papier saugt sich mit Fett voll und wird weich. Dazu gibt er uns zwei Bierflaschen mit rostigen Kronkorken und sich selbst die dritte.

«Suecas!», quäkt Pedro und deutet mit seinen Händen zwei Wölbungen vor seiner Brust an.

Patrick und ich sitzen am Strand mit einem Teller frittierter Bananen und glotzen auf die untergehende Sonne, die alles in ein surreal-kitschiges, rosa Licht taucht.

«Wahnsinn», sagt Patrick. «Hier ist wirklich niemand.»

«Es hat sich gelohnt, es hat sich wirklich gelohnt.» Wir stoßen an, und in diesem Moment bricht sich in der Abenddämmerung eine Riesenwelle. Die Gischt glänzt blau. Hinter uns im Dschungel hören wir einen Brüllaffen, der sich anhört wie ein Lastwagenmotor. Ein warmer Wind weht von Land aufs Meer und streichelt unsere Haut. Es ist ein magischer Moment, einer dieser Augenblicke, die Jahre später noch wie Leuchttürme aus einer formlosen Landschaft aus Erinnerungen ragen werden.

Es wird finster. Stockfinster. Etwas zwickt mich in den Fuß. Kurze Zeit später schlägt sich Patrick auf den Oberschenkel. Ich schreie: «Au.» Patrick sagt: «Scheiße.» Etwas anderes beißt mich in die Backe. Meine Zehen jucken wie verrückt. Gigantische Ameisen haben sich mittlerweile eine Straße zu unseren frittierten Bananen gebahnt. Ein unsichtbares Viech macht in unserer nächsten Nähe eigenartige Geräusche. Wir stehen auf. «Sandflöhe», sagt Patrick. Kakerlaken huschen in Deckung, als ich das Licht anmache. Wir legen uns auf die Matratzen. Von draußen hören wir Pedro infernalisch lachen, als hätte der Teufel höchstpersönlich die Gestalt eines zahnluckerten Latinos mit Lederhaut angenommen. Das Meer dröhnt, irgendetwas gurrt. Es ist heiß, dann beißt mich wieder etwas.

«Verdammt, hier sind Bettwanzen!», brüllt Patrick.

Irgendwann erlöst uns der Schlaf von unseren Qualen.

Kurz nach Sonnenaufgang wachen wir auf. Alles ist wieder wie am Tag zuvor. Das Licht und das Wasser, der Sand und die Sonne – nichts gurrt, brüllt, kriecht, beißt und sticht mehr. Patrick läuft nackt über den Sand. Er rennt Richtung Brandung, springt hinein, tänzelt im Wasser herum, reibt seinen Körper ab. Er watet weiter, bis er schließlich bis zur Hüfte im Wasser steht. Er steht dort einige Minuten und sieht sehr konzentriert aus. Schließlich watet er sichtlich entspannt in Richtung Ufer.

«Was hast du gemacht?», frage ich

«Ich habe ins Meer geschissen. Nur an einem Strand wie diesem kann man das mit bestem Gewissen tun.»

Wir packen unsere Sachen und stellen uns an die Straße. Nach einer halben Stunde nimmt uns ein Lastwagenfahrer mit. Wir beschließen, allen von diesem Strand zu erzählen.

Das Stahlbad

Ort: Yangshuo, China, jedenfalls nicht Indien

«Eine deutsche Reisende, die ich im vergangenen Jahr in Saigon traf, sagte mir:
‹Indien liebt man oder man hasst es.›»
Michael Thron[7]

Chiara und ich blicken auf diese verrückten Berge von Yangshuo, die aussehen, als hätte Gott in Gestalt eines kleinen chinesischen Schulmädchens mit einem Kugelschreiber sanfte Hügel in die Landschaft gekritzelt. Wir sitzen auf der Dachterrasse des Monkey Jane's Guesthouse. Die Sonne geht unter, wir trinken Gin Tonic. Um diese Zeit verkauft Monkey Jane zwei für den Preis von einem.

Chiara sagt: «Diese Berge! Ahhhhhh!»

Chiara ist Kanadierin und auf die typisch nordamerikanische Art angepummelt. Nicht fett, aber eben mit dem Volumen eines College-Mädchens aus dem Mittleren Westen. Kanadier betonen ja oft, vollkommen anders zu sein als Amerikaner, weswegen sie auf ihre Rucksäcke als einzige Nation ihre Landesflagge aufnähen. (Manchmal handelt es sich dabei auch um Amerikaner, die nicht als solche erkannt werden wollen.) Da es aber keine Nation auf der Welt gibt, die Amerikanern ähnlicher ist als Kanadier, ist das für Europäer absurd. Die Flagge sagt: «Ich sehe zwar genauso aus wie ein Amerikaner, spreche genauso wie einer, ernähre mich auch hauptsächlich von Burgern und Wraps und verständige mich in erster Linie mit den Ausdrücken ‹Oh my gosh!›, ‹It was so much fun!› und ‹I was like …, and then he was like …› – aber ich bin kein Amerikaner, sondern Kanadier.»

Chiara ist tatsächlich etwas anders, zumindest was ihre Kleidung betrifft: Sie trägt eine lila Pluderhose, deren Beine irgendwo in den Kniekehlen ineinander übergehen, und darüber ein sackartiges, blaues Leinenhemd. Ihre Haare hat sie mit einem grünen Tuch umwickelt und sie zu einer Marge-Simpson-Frisur aufgetürmt. In ihrem linken Nasenflügel ist ein Loch, in dem ein Ring steckt. Chiaras Körper ist mit sehr viel Metall behangen: Finger, Zehen, Fußknöchel, Handgelenke, Hals, Ohren, Augenbrauen – überall klimpert und spiegelt etwas die roten Lampen und den Vollmond über Yangshuo wider. Chiara sagt, sie reise für zwei Monate durch China. Ich frage sie, ob sie in Indien war, weil ihre Hose aussieht, als sei sie dort gewesen. Ihre Augen beginnen zu leuchten.

«Ahhhhh, India!», ruft sie und wedelt mit den Armen über ihrem Kopf. «Incredible Indiaaaaa! I love India!»

Backpacking in China ist ein bisschen so, wie es früher einmal in Thailand gewesen sein muss. Das Land ist groß genug, um nicht ständig Pauschaltouristen über den Weg zu laufen. Es ist billig, exotisch, ein bisschen verrückt und dank der kommunistischen Partei auch verrucht. Wenn der Banana Pancake Trail in Thailand eine Autobahn ist, die zu umgehen nur mit sehr viel Mühe möglich ist, handelt es sich in China um einen gerade mal eben befahrbaren Feldweg. Noch gibt es mehr Regierungshotels mit pompösen Lobbys und gülden angepinselten Säulen als Hostels, in denen den ganzen Tag Schluffimusik gespielt wird und die Speisekarte ein Hybrid aus vermeintlich einheimischer Küche («fried rice») und westlichem Konsensfraß ist (Sandwich, Pommes, Burger, Bananenpfannkuchen). Außerhalb der großen Städte im Osten wie Schanghai, Peking und Hongkong ist die Starbucks-Dichte noch so gering, dass es zu einer Herausforderung werden kann, sich einen Kaffee zu besorgen. Chinesen frühstücken nämlich am liebsten Knoblauchreisbrei.

Die Besitzerin des Monkey Jane's Guesthouse hat ihr Hostel nach sich selbst benannt. Die kleine Frau Mitte 30 hat tatsächlich Ähnlichkeiten mit einem Äffchen. Sie steht vor uns und rudert hektisch mit ihren kurzen Armen durch die Luft. «People come, very crazy, yesterday, so drunk … Crazy, crazy. You know what I mean?»

Monkey Jane spricht eigentlich gut Englisch, verhaspelt sich aber ständig. Am Ende lacht sie über ihre eigenen Witze, die aufgrund ihrer Sprechgeschwindigkeit nur sie selbst verstanden hat. Monkey Jane liebt «beer pong». Jeden Abend versucht sie, zusammen mit Kanadiern, Australiern und Engländern einen Tischtennisball in ein Bierglas zu werfen. Wer sie besiegt, bekommt von ihr ein Erinnerungs-T-Shirt, auf dem ihr Name und das Bild eines Affen aufgedruckt sind. Das Monkey Jane's Guesthouse ist im Übrigen ein richtiges Hostel. Die Zimmer sind klein und hellhörig. Auf der Dachterrasse stehen Möbel, die zwar sehr bequem sind, aber nicht zusammenpassen. Es gibt Mehrbettzimmer für Billigheimer, und man kann sich jeden Abend für wenig Geld mit irgendjemandem betrinken.

Monkey Jane schreit Chiara und mich an: «You! Go beer pong play! Very funny! Drink, drink, crazy drink!»

Wir spielen nicht Beer Pong, aber Monkey Jane findet genug andere Gäste, die mit ihr spielen wollen. Chiara und ich müssen noch etwas besprechen.

Eine alte, sehr kleine und sehr verhutzelte chinesische Frau kommt die Treppe hinauf auf die Dachterrasse. Sie trägt ein schwarzes Gewand mit bunten Verzierungen an den Ärmeln. Es ist die Tracht einer lokalen Minderheit. Sie hat einen Sack bei sich. Als sie ihn öffnet, verstummen die Gespräche an den Tischen. Aller Augen richten sich auf die kleine Frau. Sie kümmert sich nicht um die allgemeine Aufmerksamkeit. Mit der linken Hand ergreift sie eine Schlange, dicht unter deren Kopf. Das Tier windet sich vergeblich, schlägt mit dem Rest seines Körpers hilflos Figuren in die Luft. In ihrer rechten Hand hält die Frau eine Schere, nicht länger als ihre kleine Hand. Sie führt die Schere an den Hals des Tieres. Frauen beginnen zu kreischen, Chiara sagt: «Oh my gosh!»

Blut spritzt auf die Hände der kleinen Frau. Sie wirft den Kopf hinter sich. Den Rest des Körpers hält sie über ein Glas. Das Blut läuft dort hinein. Als der Körper ausgeblutet ist, überreicht sie das Glas Schlangenblut einem Finnen. Der Finne ist sehr groß, etwa zwei Meter. Er ist ein Hüne von einem Mann. Er nimmt das Glas und leert es in einem Zug. Alle Anwesenden kreischen, zwei Drittel schlagen angewidert die Hände über dem Kopf zusammen, das andere Drittel applaudiert dem furchtlosen Nordmenschen. Die alte Frau beachtet den Trubel nicht. Schweigend und mit einer ruhigen Bewegung legt sie den toten Schlangenkörper zurück in den Sack und steckt die Schere ein. Dann geht sie.

Zehn Minuten später erscheint ein Kellner und bringt dem Finnen eine Schale Reis und Schlangen-Chop-Suey. Der Finne sagt, für 100 Yuan – etwas über zehn Euro – könne man eine Schlange am Vortag bestellen. Ein Bauer werde dann in die Berge geschickt, um eine Schlange zu suchen.

Chiara und ich könnten jetzt darüber sprechen, was wir von dem Finnen halten. Oder ob wir selbst Schlangenblut trinken würden. Oder darüber, ob wir schon mal Heuschrecken, Maden oder Frösche gegessen haben und ob es wirklich stimmt, dass sie in Indonesien einen Affen unter die Tischplatte fesseln und ihm bei lebendigem Leib die Schädeldecke aufsägen, um sein Gehirn zu löffeln. Darüber, wo wir in China überall schon waren, wie teuer es dort war, ob wir die Große Mauer und den Potala-Palast in Lhasa gesehen haben. Wir könnten noch weiter über die Berge von Yangshuo sprechen und darüber, ob Finnen einfach härter im Nehmen sind und alles in sich hineinschütten können, vielleicht so wie Russen. Wir könnten auch über Barack Obama sprechen und meinetwegen über die Wirtschaftskrise. Wenn man in einem chinesischen Hostel absteigt, das einer verrückten Chinesin gehört, gehen einem die Gesprächsthemen wirklich nicht aus. Wir aber reden über Indien.

Treffen sich zwei Indienkenner irgendwo auf der Welt, beginnen sie sofort, all die Orte aufzuzählen, die sie in diesem Riesenland besucht haben. Stellen sie dabei fest, am selben Ort gewesen zu sein (was weniger unwahrscheinlich ist, als es klingt, denn die meisten Indienreisenden besuchen dieselben Städte und Strände), fragen sie, ob der andere vielleicht auch in diesem oder jenem Hotel gewesen sei, in dem sie selbst waren. Ist das der Fall (was ebenfalls weniger unwahrscheinlich ist, als es sich anhört, denn alle Indienreisenden wohnen in denselben Hostels, die ihnen der Lonely Planet empfiehlt), drehen sie total durch. Sie benehmen sich, als hätten sie gerade erfahren, dass sie dieselbe Mutter haben. Egal, wo sie sich befinden – auf einer Maya-Pyramide im Dschungel, auf einem Kamel in der Sahara oder in einer Bambushütte am Mekong –, überall reden sie über nichts anderes als über Indien. Man möchte ihnen zurufen: «Dann fahr doch wieder nach Indien, wenn es da so wahnsinnig toll ist!» Aber den Indienkenner interessiert das alles nicht. Er zuckt mit den Schultern und ist gedanklich schon wieder in Varanasi, wo tote Kühe im Wasser schwimmen, oder bei den Sadhus von Hampi, die den ganzen Tag zu Shiva beten. Backpacker, die schon mal in Indien waren, können ihre Mitreisenden wahnsinnig machen.

Jemand kann die ganze Welt bereist haben – wenn er nicht in Indien war, dann fehlt ihm eine Reihe ganz elementarer Erfahrungen. Wer noch nie in Indien war, weiß zum Beispiel nicht, was Dreck ist (und wie er sich auf den Organismus auswirkt). Der Indienkenner ist der Meinung: Nur wer in Indien war, weiß, was ein richtiger Durchfall ist. Wenn also in Nicaragua, München oder auf einer thailändischen Insel etwas von einer Magenverstimmung erzählt wird, beginnt der Indienkenner seinen Satz mit: «Als ich in Indien war», und beendet ihn mit: «drei Wochen lang!» Zwischen diesen Worten erfährt man etwas Unappetitliches, das man eigentlich gar nicht so genau wissen will. Nervt ein Einheimischer wegen seiner Aufdringlichkeit, schüttelt der Indienkenner den Kopf: «Nichts im Vergleich mit Indien – da wurde ich einmal im Schlafzug von fünf Indern betatscht, weil sie gucken wollten, ob meine Hautfarbe echt ist.» Liegt ein toter Hund am Straßenrand, stößt er verächtlich aus: «Pah – in Varanasi schwimmen menschliche Leichenteile im Ganges.» Wer sich in Kambodscha geschockt wegen der vielen Bettler zeigt, dem sagt der Indienkenner: «In Indien stechen sie Kindern die Augen aus, damit sie mehr Mitleid erregen.» Und zum Abschluss fasst der Indienkenner noch einmal zusammen: «Man sagt: India – love it or hate it.» Ein Satz übrigens, der ziemlich trivial wirkt, wenn einem nicht alles scheißegal ist. Man sagt ja auch nicht: «Kinder – love them or hate them» oder «Krieg – love it or hate it».

Indien ist die Benchmark aller Bananenpfannkuchenesser. Jedes Land wird mit Indien verglichen, alles wird in Relation zum Subkontinent gesetzt. Wer Indien bereist hat, steigt in der sozialen Hierarchie der Backpacker sofort in die Königsklasse auf. Und nicht zu Unrecht. Indien ist tatsächlich das Land, das den gemeinen westlichen Rucksacktouristen körperlich wie geistig am stärksten beansprucht. Es ist am dreckigsten, anstrengendsten, ärmsten, abgefucktesten. Mumbai oder Bombay ist so überfüllt wie eine Berliner U-Bahn um acht Uhr morgens, das aber zu jeder Tageszeit und an jedem Ort. Auf kleinen Ständen verkaufen Händler schwarzgebrannte DVDs und CDs. Vor der Ware liegt ein alter Mann auf der Straße, und man weiß nicht, ob er gerade schläft oder stirbt. Das ist schlimm, aber noch schlimmer ist es, dass es dem DVD-Verkäufer vollkommen gleichgültig ist. In Indien laufen Kühe durch die Hauptverkehrsstraßen der Städte, weil sie heilig sind. Aber niemand kümmert sich um die Kühe oder füttert sie. Deswegen fressen die Kühe einfach alles, was so herumliegt. Auch Plastiktüten. Es gibt Kühe, denen man den Magen auspumpte und darin Dutzende Plastiktüten fand. In Varanasi verbrennen sie Leichen und werfen die Überreste in den Ganges. Weil dies ein heiliger Ort ist und die Hindus glauben, es sei nützlich, um dem Kreislauf der Wiedergeburten zu entkommen, baden sie in demselben Wasser, in dem die Leichenteile herumschwimmen. In Indien gibt es Sadhus, dauerbekiffte Bettelmönche und Gurus, die nach einem einzigen Blick in die Augen alles über einen wissen.

In Indien trifft man dementsprechend auch die verrücktesten Backpacker: Menschen, die seit Jahren in einem Baum leben, Übriggebliebene von der letzten Goa-Trance-Party 1998, Briten, die ihrer kolonialen Vergangenheit nachtrauern und sich mit viel Gin Tonic ins Jahr 1893 zurückträumen. Yoga-Freaks, die seit Monaten nichts anderes als Asanas machen und behaupten, ohne Asanas überhaupt nicht mehr leben zu können.

Indien ist natürlich auch sehr schön. Es ist – und das mag nun nach der Erzählung eines Goldschmiedekursteilnehmers im Münchner Glockenbachviertel klingen – sehr farbenfroh, weil eben alle, auch die ärmsten Frauen Saris in Hellgrün, Safrangelb und Fliederlila tragen. Die Strände sind einsamer, die Berge höher als sonst irgendwo, und es ist verdammt billig. In Nordindien kann man für ein paar Euro in einem alten Maharadscha-Palast wohnen. Das Tadsch Mahal in Agra ist tatsächlich so etwas wie das geilste Gebäude der Welt. Ständig trifft man Menschen, die einen wirklich zum Nachdenken bringen.

Als ich Chiara frage, ob sie Pushkar kenne, flippt sie aus. Sie sagt: «Pushkar!» und dann «Ahhhh» und dann wieder «Push-kaaar». Ihre Armreifen scheppern. Wir umarmen uns und rufen: «Das ist unglaublich! Incredible India!»

Wir reden den ganzen Abend über nichts anderes. Wir sind beide der Meinung, Pushkar sei der schönste Ort der Welt. Es ist ein heiliger Ort, an dem es keinen Alkohol und kein Fleisch gibt. Alle Menschen in Pushkar sind «shanti», also faul und gut gelaunt und irgendwie spirituell. In der Mitte der Stadt liegt ein heiliger See, in dem sich die Häuser spiegeln. Die Hindus glauben, dass er durch eine Träne des Gottes Brahma entstanden ist. Deswegen pilgern sie nach Pushkar, ziehen ihre weiten, bunten Gewänder aus und waschen sich im See. Anschließend stapfen sie wieder durch die engen Gassen, in denen überall Kuh- und Kamelscheiße herumliegt, zurück und fahren von ihren Sünden gereinigt nach Hause.

Irgendwann geht Chiara ins Bett. Sie sagt, es habe sie wahnsinnig gefreut, jemanden getroffen zu haben, der *auch* in Pushkar gewesen sei. «Karma», sagt sie zum Abschied. «Es muss Karma sein, dass wir uns ausgerechnet hier getroffen haben.» Sie deutet auf den Mond und sagt, das sei eigentlich alles unglaublich.

Ich sitze allein auf der Dachterrasse. Es ist dunkel geworden. Der große Finne spielt mit Monkey Jane Beer Pong. «You go, crazy Finland, crazy, boom, boom. Drunk! Hahaha!», brüllt sie.

Links über mir leuchtet silbern der Vollmond und spiegelt sich mit der feinen Silhouette der Berge auf dem Li-Fluss. So hell, so klar! Die Chinesen haben rote Lampions entzündet, die leuchtend gen Himmel aufsteigen. Bald ist der Himmel voll von Hunderten kleinen, roten Lichtern. Es ist ein besonderer Moment, und wenn ich einen Hang zur Esoterik hätte, würde ich ihn mit einem Wort wie «magisch» bezeichnen oder «shanti». Habe ich aber nicht, weil mir nichts so sehr auf die Nerven geht wie Esoteriker, von denen es übrigens in Indien am allermeisten gibt, weil Indien überhaupt voller Freaks ist. In Goa gibt es einen Holländer, der in einem Baum wohnt und sich ausschließlich von Blättern ernährt, die im Wald wachsen, und Papayas und Mangos, die ihm Besucher manchmal vorbeibringen. Und am Strand von Goa traf ich mal ein Typen mit einer seltsamen Entzündung, durch die seine Augen feuerrot geworden waren und er kaum noch etwas sehen konnte. Er saß in einem Strandcafé und hatte einen Apparat vor sich aufgebaut, der mit zwei Blechdosen verbunden war. Beide hielt er in den Händen. Er sagte, er kuriere seine Entzündung mit Stromschlägen, das sei eine todsichere Methode.

Es gibt sogar eine israelische Spezialeinheit, deren Aufgabe es ist, verdrogte, hängengebliebene Israelis aus Goa nach Hause zurückzuholen. In Indien …

Auf jeden Fall war das mit dem Mond fast so wie in Indien.

Stille Amerikaner

Ort: Antigua, Guatemala

«*In fact, few Americans seem to understand the basics of international backpacking as it is understood by budget travelers from Europe or Australia. Many Americans equate backpacking as a ‹backcountry› experience, like camping out in the Rockies and dining on gorp.*»
Robert Downes[8]

Mike legt Wert auf seine Herkunft. Auf seinen Rucksack hat er eine handgroße kanadische Flagge genäht, damit jeder sofort sehen kann: Er ist kein Amerikaner, sondern Kanadier. Wir sitzen im Hof des billigsten Hotels der Stadt. Ein Zimmer kostet drei Euro. Was man dafür bekommt, ist eine Matratze in einem quadratischen Raum. Was man dafür nicht bekommt: ein Klo, ein Waschbecken, ein Fenster, hygienische Mindeststandards. Ein 14-jähriges Zwillingspärchen fegt einmal in der Woche teilnahmslos durch die Zimmer. Sie scheinen sich nicht dafür zu interessieren, woher die Menschen kommen, die die Zimmer ihrer Chefin bewohnen, einer strengen, dicken lateinamerikanischen Matrone.

Während die beiden Zwillinge über die Fliesen fegen und dabei gerade mal das Nötigste an Dreck entfernen, raucht Mike im Innenhof des Hostels selbstgedrehte Zigaretten, die er sich aus Kanada mitgebracht hat. Hinter ihm erhebt sich der Vulkan.

Mike und ich werden diesen Vulkan morgen besteigen. Eigentlich hasse ich es, auf Erhebungen der Erdoberfläche zu klettern. Ich sehe keinen Sinn darin. Die Rechnung «Tausche 2000 Kalorien und drei Tage Muskelkater gegen mittelguten Ausblick» lohnt sich nicht. Aber ich gehe trotzdem mit, weil ich das Gefühl habe, ich müsse mal etwas anderes tun, als in Cafés herumzuhängen und ergebnislos zu versuchen, die Teilnehmerin eines Spanischkurses kennenzulernen.

Mike sagt, er liebt Bergsteigen. «In Kanada gehe ich oft bergsteigen, wir Kanadier lieben das Bergsteigen, nicht so wie die Amerikaner, die nur faul in ihren SUVs herumfahren.»

Mike sagt auch: «Kanada, musst du wissen, ist ganz anders als die USA. Wir leiden darunter, immer für Amerikaner gehalten zu werden. Kanada hat 30 Millionen Einwohner, die USA 300 Millionen – aber wir haben eine ganz eigene Kultur. Warst du schon mal in Kanada?»

Ich verneine.

«Warst du schon mal in den USA?»

«Nur in New York für ein paar Stunden. Es war kurz vor Weihnachten, und ich hatte keine Wintersachen dabei. Ich bin sofort nach New Orleans weitergefahren und von dort aus nach Mexiko. In den USA hat mir jeder abgeraten, nach Mexiko zu fahren. Als unser Bus einen Zwischenstopp in Houston eingelegt hat, kam ein alter Mann auf mich zu und fragte mich, wo ich hinwill. Er meinte: Fahr bloß nicht nach Mexiko, da ist es viel zu gefährlich!»

«Siehst du», sagt Mike und schüttelt traurig den Kopf, «genauso sind Amerikaner: Sie denken, es gibt nichts außerhalb ihres Landes. Alles südlich von Texas ist für sie Dritte Welt, die von korrupten Koksbaronen regiert wird. Sie interessieren sich nicht für andere Länder. Die meisten Amerikaner haben nicht einmal einen Pass! Wie viele US-Amerikaner hast du bisher getroffen?»

Ich denke nach. Mir fällt nur Jane ein, die vor drei Tagen das Hostel Richtung Belize verlassen hat. Jane sah aus wie Indiana Jones – sie trug einen khakifarbenen Militäranzug und einen Tropenhelm.

«Siehst du, Amerikaner reisen nicht. Kanadier reisen, Neuseeländer, Australier, Europäer, sogar Japaner. Aber Amerikaner denken, sie sitzen eh schon in Gottes angestammtem Land, in das jeder reinwill. Warum sollten sie da überhaupt noch woanders hinfahren? Das ist traurig, wirklich. Ich schäme mich dafür!»

Mike sieht jetzt noch niedergeschlagener aus. Er fährt sich mit einer Hand durch die Haare und blickt mit Hundeaugen in Richtung Vulkan.

Würde man eine Karte der Welt zeichnen, auf der die Größe eines Landes davon abhängt, wie viele Bewohner gerade mit einem Rucksack durch die Welt reisen, wäre Israel ein Global Player, ein Land so groß wie Russland. Auf Israelis trifft man überall, abgesehen von ein paar islamischen Ländern, die eine Einreisesperre für Israelis verhängt haben. So gut wie jeder Israeli fährt nach seinem Militärdienst mindestens drei Monate los: die Druffis, Yogis und Kiffer nach Indien, die Interessierten nach Süd- oder Mittelamerika, die Individualisten nach China. Überall, wo Backpacker sind, wird man Israelis treffen. *Moomlatz*, der Titel des Backpackerbuches von Iris Bahr, ist das hebräische Wort für «empfehlenswert» und ein Gütesiegel für Backpackerhostels unter Israelis für Israelis. Israel gehört nicht zu den reichsten Staaten der Welt, aber es gibt dort eine Kultur des Backpackings – zu einem normalen Lebenslauf gehört es, mindestens drei Monate, wenn nicht ein ganzes Jahr durch die Welt getourt zu sein. Die Ausnahme ist, daheimzubleiben.

Mainstream ist Backpacking auch in vielen angelsächsischen Ländern. Für Neuseeländer ist es quasi selbstverständlich, nach der Schule das Eiland im Stillen Ozean für mindestens ein Jahr zu verlassen und in London zu arbeiten, um anschließend durch Europa und Südostasien zu touren. Das «gap year», das Jahr zwischen Schulabschluss und Studienbeginn, gehört zu einer Mittelschichtskarriere wie ein Universitätsabschluss. Auch Deutsche trifft man in den letzten Jahren immer häufiger – Rucksackreisen sind selbstverständlicher geworden, wobei sich die meisten Auszeiten auf eine Zwei-Monats-Tour durch Thailand und/oder Vietnam beschränken.

Darüber hinaus ist das Bruttoinlandsprodukt eines Landes beziehungsweise das Vorhandensein einer wohlhabenden Mittelschicht (Studien belegen, dass die meisten Backpacker entweder einen akademischen Titel besitzen oder vorhaben zu studieren) ein guter Indikator dafür, wie viele 20- bis 30-Jährige auf dem Pancake-Pfad unterwegs sind: Dänen, Schweden, Norwegern und Finnen begegnet man überproportional häufig. Vor der Insolvenz des Landes 2001 konnte man noch Argentinier treffen, was heute selten vorkommt, ebenso wie Spanier. Dafür sind mehr Brasilianer unterwegs. Japaner sieht man wie Israelis fast überall, nur sind sie entweder so schüchtern oder sprechen so schlecht Englisch, dass sie unter sich oder allein bleiben. Polen, Ungarn oder Balten nehmen zu. Die Schweiz, England, die Niederlande und Skandinavien wären auf dieser Karte solide Mittelmächte von der Größe Brasiliens, mit einigem Abstand gefolgt von Frankreich und Italien. Praktisch nicht vorhanden wären ganz Afrika (mit Ausnahme Südafrikas), Indien, China – und die USA.

In den meisten Fällen baut Reisen Vorurteile ab. Engländer finden Deutsche gar nicht mehr so humorlos, wie sie immer dachten. Deutsche merken, dass nicht alle Nichtdeutschen sie automatisch für Nazi-Enkel halten. Deutsche und Israelis verstehen sich oft gut, weil die Deutschen ihren Täterkomplex abbauen und Israelis im Enkel des Mörders ihres Großvaters einen

Menschen entdecken können. Beide fühlen sich daraufhin ein bisschen moralischer als zuvor. Italiener finden endlich das angemessene Forum, um zu sagen, dass nicht alle Italiener Berlusconi gut finden. Griechen sind nicht alle hochverschuldet, und viele Franzosen sind der Meinung, der Herstellung von Gänsestopfleber sollte verboten werden. Am Ende einer Reise hat jeder Teilnehmer mit Griechen, Polen und Engländern mindestens einmal auf Europa getrunken und Facebook-Freunde am anderen Ende der Welt.

Nur der latente Antiamerikanismus bei Backpackern, unter denen vor allem die deutschen Kinder des linken Bürgertums sind, erhält auf Reisen neue Nahrung. Die meisten Backpacker sind sich darin einig: Amerikaner fressen Hamburger, wissen nicht, wo Europa liegt, und machen Krieg. Sie sind für die Finanzkrise verantwortlich und den Coca-Cola-Kulturimperialismus. Außerdem klingt ihr Englisch komisch, und Michael Moore ist der letzte gute Mensch der USA.

Dass keine Amerikaner anwesend sind, um diese Vorurteile zu widerlegen, bestärkt es wiederum: Amerikaner sind ignorant, deswegen reisen sie nicht. Sie fahren in ihren knappen Ferien nach Daytona Beach zum Spring Break und nach Paris und Heidelberg, wenn sie alt sind. Auf dem Pancake-Pfad aber trifft man sie so selten wie Ukrainer. Vielleicht reisen US-Amerikaner lieber durchs eigene Land, das ist schließlich groß genug. Vielleicht schüren manche Fernsehsender tatsächlich das Gefühl, südlich von Texas beginne die Hölle. Vielleicht gibt es heute keine Backpackingkultur mehr – je weniger Leute daheim von Südostasien und Indien erzählen, desto waghalsiger erscheint den anderen ein solches Unternehmen.

Am nächsten Tag um acht Uhr beginnt unser Aufstieg. Mike hat jetzt einen kleinen Rucksack dabei, auf dem wieder die kanadische Flagge in Form zweier roter Balken und eines Ahornblattes prangt. Unser Führer, ein überdrehter Guatemalteke, holt uns mit einem Kleinbus am Hostel ab. Er stellt sich mit dem infantil klingenden Namen «Kiki» vor und sagt, dass dies ein großartiger Tag werden wird. Wir holen sechs weitere Wanderer in anderen Hotels ab. Unsere Gruppe besteht aus zwei sehr blonden Schwedinnen, einem hochgewachsenen Schweizer mit Billabong-Cap und drei Israelis. Mike stellt sich jedem mit dem Satz «Hi, I am Mike, I am from Canada» vor, was prinzipiell okay ist, aber auch ein bisschen aufgesetzt klingt.

Wir stapfen einen staubigen, mit dicken Steinen übersäten Trampelpfad nach oben. Hin und wieder wächst ein Strauch. Nach einer halben Stunde würde ich gern eine Pause machen, aber weder Kiki noch einer meiner Mitwanderer lässt irgendwelche Anzeichen erkennen, die man als Wunsch nach Rast interpretieren könnte. Es wird heißer, die Sonne brennt hier oben richtiggehend, und ich bilde mir ein, die dünne Luft bereits sehr deutlich zu spüren.

Mike unterhält sich mit dem Schweizer über das Bergsteigen. «Wir in Kanada steigen sehr oft auf Berge. Nicht so wie Amerikaner, die nur faul mit dem Auto fahren. Wir lieben das Bergsteigen.»

Die zwei Schwedinnen fragen Kiki, ob es stimme, dass alle Lateinamerikaner keine Amis mögen.

«Gringos», sagt Kiki. «Niemand mag Gringos.»

Warum?, wollen die Schwedinnen wissen.

Kiki zuckt mit den Schultern: «Bush, Krieg, Terror und so und wegen der Geschichte. Gringos eben.»

«Sind nicht alle Weißen Gringos?», fragt der Schweizer.

«Nein, nicht alle. Nur US-Amerikaner sind Gringos.»

«Wie nennt ihr die anderen dann?»

«‹Alemanes›, ‹suecos›, ‹italianos›, aber nicht Gringos. Nur Amerikaner sind Gringos.»

«Gringos», sagen die Schwedinnen, «denken, hier wäre es supergefährlich, dabei ist es total okay hier.»

«Die sollen mal zu uns in die Westbank kommen», sagen die Israelis. «Da ist es gefährlich. Aber hier – das ist ein Witz.»

Die Gruppe freut sich nun kollektiv, keine Gringos zu sein. Nur Mike sieht traurig aus. Er sagt nichts, sondern stapft jetzt voran. Der Untergrund ist feuchter geworden, der Boden matschig. Bei jedem Schritt klebt ein bisschen mehr Schlamm an meinen Sohlen. Ich denke darüber nach umzukehren. Bis zu welchem Punkt lohnt es sich umzukehren? Wir sind fast zwei Stunden unterwegs. Kann man nach zwei Stunden Wandern noch umkehren, oder ist das so bescheuert wie in dem Witz mit dem Österreicher, der mit einem Deutschen aus dem Gefängnis ausbricht und über neun Mauern klettern muss. Nach der achten sagt er: «Mir wird das zu viel, ich dreh lieber um.» Ich frage Kiki, wie weit es noch ist, aber Kiki sagt nur: «Nicht mehr weit. Nicht mehr weit.»

Die Schwedinnen fragen Mike jetzt, ob es wirklich wahr ist, dass in Kanada alle Haustüren immer offen stünden, wie in Michael Moores Film *Bowling for Columbine*. Sie haben nämlich gehört, dass das gar nicht stimme.

«Doch, es stimmt», erwidert Mike. Er sieht die beiden Mädchen nicht an, während er spricht. «In den USA sind alle Türen verschlossen, und die Leute horten Waffen in ihren Häusern. In Kanada aber sind alle Türen offen.»

«Das ist cool!», sagen die Schwedinnen. «Kanada ist cool.»

Der Weg macht jetzt eine Biegung. Vor einem Felsvorsprung steht ein Baum, darunter wachsen Sträucher. Kiki zuckt zusammen. Der Strauch bewegt sich. Ein Mensch springt hervor. Er trägt ein Tuch vor Mund und Nase, durch das er laut irgendetwas auf Spanisch brüllt. Seine Stimme überschlägt sich und wird zu einem Piepsen. Wir müssten ihn nicht ernst nehmen, würde er nicht mit einer armlangen Machete vor uns herumfuchteln. Das ist ein Überfall. Die Schwedinnen kreischen. Die Israelis sehen aus, als würden sie am liebsten gleich die Luftwaffe rufen wollen. Kiki versucht, mit dem Mann zu diskutieren, doch der schreit nur und fuchtelt mit der Machete. Schließlich erklärt Kiki der Gruppe, dass der Mann Geld will. Wir alle sollen unsere Rucksäcke und Beutel abgeben.

Ein zweiter Mann kommt aus dem Gebüsch. Es ist eigentlich gar kein Mann, er hat die Größe eines Zehnjährigen. Vielleicht ist es der Sohn des Räubers. Der kleine Räuber wirft Geldbeutel, Kameras und Pässe in einen Sack und verschwindet wieder im Gebüsch. Der Räuber geht jetzt langsam rückwärts, ohne den Blick von uns zu wenden. Er hört nicht auf, mit der Machete herumzufuchteln.

«Einen Moment noch», sagt Mike.

Der Räuber sieht Mike verdutzt an.

«Einen Moment noch. Du kannst unser Geld behalten, aber ich will meinen Pass.»

Der Räuber macht einen Schritt auf Mike zu. Die Spitze der Machete berührt Mikes Kinn.

«Du kannst mit den Pässen eh nichts anfangen», sagt Mike. «Aber für uns ist es ein Megastress, zur Botschaft zu fahren und einen neuen Pass zu beantragen. Gib uns bitte die Pässe wieder!»

Der Räuber hält inne. Niemand spricht. Dann ruft er etwas auf Spanisch. Der Zwerg taucht wieder aus dem Gebüsch aus. In seiner Hand hält er sechs Pässe, die er in den Staub wirft. Auf einem steht «United States of America». Mike steckt ihn ein.

Allein

Ort: Mexiko

«Wahres Reisen dagegen ist ein metaphysischer Akt des Erkennens; die wichtigsten Grundsätze dabei sind: Reise allein, reise ohne Gepäck und reise langsam, möglichst zu Fuß.»
Ilija Trojanow[9]

«Will I be alone?»
Titel eines Threads auf www.lonelyplanet.com

Am ersten Tag fällt es mir nicht auf. Gedanken und Landschaften ziehen an meinem Fenster vorbei, verwachsen und verschwimmen. Am zweiten Tag fühlt sich meine Zunge ein wenig taub an, als wäre ich zwei Stunden zuvor beim Zahnarzt gewesen. Vielleicht bilde ich mir das ein. Ich stehe auf, nehme irgendetwas zu mir, das einem Frühstück nahekommt, meistens eine Banane und einen Schluck Wasser, steige in den Bus und fahre weiter. Draußen brennt die Sonne auf das Land. Es ist karg, es ist trocken, es ist staubig. Am Ende des Tages ist alles – meine Kleidung, mein Rucksack, meine Haut, mein Haar – mit einer feinen Sandschicht bedeckt. Abends gehe ich in ein billiges Hotel, frage mit wenigen Brocken Spanisch, wie viel das Zimmer kostet, und lege mich ins Bett. Das war der Tag.

Kurz vor dem Einschlafen fällt es mir auf: Ich habe den ganzen Tag kein Wort gesprochen. Ich frage mich, ob man das

Sprechen verlernen kann. Angenommen, das geht jetzt zwei Monate so weiter, brabbelt man dann irgendwann unverständliche Silbenruinen, so wie Kaspar Hauser, als er zum ersten Mal auf Menschen traf? Wie lange dauert es, bis man verbal verwildert? Wird es einem irgendwann egal, ob man einen Riesenpickel auf der Nase hat, ob man stinkt und Krallen anstatt Fingernägel hat? Wie lange muss man allein sein, bis man sich nicht mehr als Teil von etwas begreift? Bis man zum Solipsisten geworden ist, der andere Menschen für Produkte seiner eigenen Einbildung hält? Soll ich mir einen imaginären Freund zulegen? Wie lange kann ein normaler Mensch, also kein Fakir oder Mönch oder Waldschrat, allein sein, bis er irreparable Schäden erleidet?

Ich schlafe ein, stehe auf, fahre weiter. Die Fortbewegung ist zum Selbstzweck geworden. Ich könnte den Orten, die ich immer nur kurz vor Sonnenuntergang und kurz nach Sonnenaufgang sehe, eine Chance geben. Ich könnte aussteigen, länger dort bleiben, darauf hoffen, Gleichgesinnte zu treffen. Aber ich muss weiter. Weg aus den USA, weg aus dem Norden, nach Süden, dorthin, wo es immer warm ist.

Draußen zieht die immer gleiche, sandig-sonnige Landschaft vorbei. Ab und zu ein Haufen Müll auf der Straße. Das hypnotische Wackeln des Busses, die immer selben Liebeslieder, «corazón», «amor», blablabla. Am dritten Tag denke ich Gedanken, die zu denken ich noch nie Zeit hatte; an das Mädchen, in das ich in der siebten Klasse verliebt war, und ob ich sie heute immer noch gut fände. Wahrscheinlich nicht. An das Pausenbrot in der dritten Klasse, das sich erst nach drei Wochen seinen Weg aus meinem Scout-Schulranzen ins Freie bahnte – wie faszinierend Kolli, Gierli und ich den Verfaulungsprozess fanden, unsere Grundschullehrerin dagegen nicht. Die zweite Klasse, das Pausenbrot, was kam danach? Was war da? Was ist noch an Erinnerungen in meinem Kopf? Die Sommer am See, das Jucken der

Bremsenstiche. Der Gierli … was macht der wohl jetzt? Der …
Ich nicke ein, wache irgendwann wieder auf. Ich bin noch immer
da und allein in einem Bus mit schweigenden, etwas grimmig
dreinblickenden Latinos und einem Dutzend lebendiger Hühner. Wenn ich wieder daheim bin, werde ich mein Zimmer grau
streichen; ich werde eine Wand grau streichen, ganz sicher, oder
blau. Wenn ich wieder daheim bin …

Ich kralle mich an irgendwelchen Gedanken fest, weil mir
mulmig wird. Ich käue sie immer wieder, betrachte sie aus allen
möglichen Perspektiven. Der Bus hält. Ich gehe schlafen, stehe
auf, fahre weiter. Und auch heute wieder sind die einzigen Wörter,
die ich spreche: «Cama», «¿Cuánto cuesta?» und «Sí, gracias».
Wie lange hält das ein Mensch aus? Foltern sie Leute in Guantá-
namo nicht genau so, mit Einzelhaft, vollkommener Isolierung?

Ich spreche meinen Sitznachbarn, einen dicklichen älteren
Mann mit Baseball-Cap, auf Spanisch an. Nur: Ich kann so gut
wie kein Spanisch. Deswegen grinst er nur und nickt. Der Typ
vor mir redet dafür mit der Geschwindigkeit einer Maschinengewehrsalve auf mich ein. Worte prasseln auf mich herab, ein
romanischer Silbenregen. Nutzlos, weil unverstanden, rieseln sie
zu Boden.

Am vierten Tag bekomme ich Angst, durchzudrehen oder zumindest eine kleine Neurose davonzutragen, einen Sprachfehler,
einen sonderbaren Tick oder eine Verhaltensstörung. «Warum
zwinkert der Typ da immer so irre?», werden die Leute tuscheln,
wenn sie mich sehen. «Ach, der war eine Woche lange allein,
seitdem hat er diesen Tick.» Vielleicht fange ich an, Stimmen zu
hören. Einfach so aus Einsamkeit, damit ich überhaupt mal wieder eine deutsche Stimme höre, bilde ich sie mir halt ein. Daraus
entwickelt sich dann eine ausgewachsene, handfeste Psychose.
Daheim werden sie sagen: «Er war auf einer Reise zu lange allein,
da hat es ihn psychisch zerbröselt.»

Vielleicht ist zu langes Alleinsein einfach gefährlich, so wie Heroin spritzen, ohne Helm Motorrad fahren oder eine Woche nicht schlafen. Vielleicht gehört es zu jenen Dingen im Leben, die man einfach nicht tun sollte. Und wer sich doch freiwillig in die Einsamkeit begibt und deswegen durchdreht, der ist eben selbst schuld. «Mi corazón, mi corazón», dudelt das Liebeslied, ein Huhn gackert, die Latinos im Bus schweigen. Ich übernachte in einem Raum, der mehr Sperrholzverschlag als Zimmer ist. Warum soll ich mehr Geld für ein besseres Hotel ausgeben, wenn ich doch sowieso allein bin? Ich wandere durch eine Wüste, und dort wächst nicht mehr, wenn ich mehr Geld ausgebe. Die Wüste bleibt einsam.

Die Wände sind so dünn, dass sie auch ein Kind mit einem Fußtritt durchtreten könnte. Die oberen 20 Zentimeter bis zur Decke sind offen. Jeder hört alles. Auf dem Boden liegt eine Matratze, die auf einem Münchener Wertstoffhof nicht in Halle 2 beim Wiederverkauf, sondern sofort im Restmüll landen würde. Ich schlafe ein und wache vier Stunden später wieder auf, weil mein Nachbar wohl etwas Falsches gegessen hat. Er übergibt sich mehrmals. Ich packe meine Sachen und warte in der «Lobby», die aus einer roten Plastikcouch und einem Tresen besteht, hinter dem ein adipöser Honduraner schnarcht, bis die Sonne aufgeht.

Am fünften Tag weiß ich, dass ich nicht durchdrehe. Aber mir ist unendlich langweilig. Ich würde mich über jeden Gesprächspartner freuen, sofern er des Deutschen oder Englischen mächtig ist: Florian Silbereisen, Verona Pooth, Markus Söder – egal, ich rede mit jedem. Man kann allein sein, ohne einsam zu sein. Man kann einsam sein, ohne allein zu sein. Daheim klingelt das Telefon, ein Chatfenster geht auf, jemand steht vor der Tür, jeden Tag sind Menschen um uns, mit denen wir sprechen wollen oder müssen: Eltern, Freunde, Kollegen, Mitbewohner, Nachbarn,

Callcentermitarbeiter. Hier sehe ich auch jeden Tag Menschen – sie sprechen, aber ich verstehe sie nicht. Ich bin wie eine unsichtbare Wand von ihnen getrennt. Ich sehe sie, sie sehen mich, nur zu sagen haben wir uns nichts. Wir leben nicht dasselbe Leben. Sie bleiben. Ich muss weiter.

Allein reisen kann schlimm sein. Am schlimmsten aber ist es, wenn alle anderen nicht allein sind. Allein unter Fremden zu sein kann eine Form der Selbsterfahrung darstellen, denn es ist ein seltener Zustand. Allein unter Fremden zu sein ist eigenartig. Allein unter Pärchen zu sein ist entwürdigend. Aber allein unter Alleinreisenden zu sein ist der bestmöglichste Zustand.

Es gibt niemanden, der nörgelt, quengelt, schlecht gelaunt ist, zu lange braucht, sein Frühstücksei mit Butter isst, anderswohin will, stinkt oder mit Frauen schläft, mit denen man selbst gern schlafen würde. Alleinreisende werden nicht öfter belästigt, ausgeraubt oder vergewaltigt als andere. Alleinreisende tun sich manchmal selbst leid und bekommen nach fünf Tagen Einsamkeit Angst durchzudrehen. Allein zu sein ist oft erfrischend, manchmal kalt und selten ein Stahlbad. Umso wärmer aber fühlt es sich an, einen anderen Alleinreisenden zu treffen. Die Menschen, die man allein trifft, lernt man nur kennen, weil man selbst ist, wie man ist. Man lernt sie nicht kennen, weil jemand anders sie anquatscht oder weil sie unsere Freunde interessant finden. Es sind – und das klingt jetzt ein bisschen nach Erich Fromm – echte Begegnungen. Sie gehören einem selbst und niemand anderem. Der Einzelne gewinnt an Wert, wie ein Schluck Wasser für den Durstigen und ein Apfel für den Hungrigen an Wert gewinnt.

Am besten funktioniert das in Ländern, in die kaum jemand reisen will: in Surinam, Bangladesch oder im Sudan. Aus einer zufälligen Begegnung wird sofort eine solidarische Schicksalsgemeinschaft. Schneller als in Usbekistan kann man nicht

Freundschaft schließen. Je zivilisierter und erschlossener das Land allerdings ist, desto weniger Spaß macht es, allein dorthin zu fahren. Thailand zum Beispiel ist mittlerweile allein schwer zu ertragen – Thailands Strände sind ein einziges klimatisiertes Liebesnest. In Vietnam stellen Paare mindestens 50 Prozent der Reisenden, was daran liegen mag, dass das Reisen in Vietnam immer noch relativ durchorganisiert und reglementiert ist und sich deswegen auch 35-jährige Netzwerkadministratoren von ihrer vermeintlich abenteuerlustigen Freundin zu einem dreiwöchigen Urlaub breitschlagen lassen – zumal sie das Land ja schon mal in Filmen wie *Full Metal Jacket* und *Platoon* gesehen haben.

Nur in den seltensten Fällen braucht ein Pärchen eine dritte Person. Sollte es dennoch vorkommen, stimmt mit dem Pärchen etwas nicht. Entweder ist Pärchenteil A von Pärchenteil B gelangweilt und braucht dringend Abwechslung, oder A sucht einen Verbündeten im Intra-Pärchen-Streit. Den Rest der Zeit führt das Pärchen dem Alleinreisenden vor Augen, wie schön er es haben könnte, wäre er nur nicht allein. Pärchen sind das Schlimmste, was dem Alleinreisenden passieren kann.

Am zweitschlimmsten sind übrigens Gruppen. Einer Gruppe möchte man sich als Alleinreisender nicht anschließen, denn spätestens wenn die anderen beginnen, Saufgeschichten von der gemeinsamen Fußballvereinsfeier auszupacken, fühlt man sich, als sei man wieder 16 und in der falschen Ecke des Pausenhofs gestrandet, auf jeden Fall nicht dort, wo die Coolen stehen.

In Thailand, Vietnam oder Ägypten kann man drei Wochen lang von Pärchen umgeben sein und sich gleichzeitig hundeelend einsam fühlen – was schlimmer ist, als eine Woche allein zu sein. In Myanmar, im Iran oder in manchen Teilen Chinas dagegen genügt es, von hellerer Gesichtsfarbe als die Einheimischen zu sein und einen *Lonely Planet* bei sich zu tragen, um innerhalb von 24 Stunden jemanden kennenzulernen. Er fragt:

«Wo kommst du her? Wo fährst du hin?», und man teilt sich die nächsten zwei Wochen ein Hotelzimmer.

Am sechsten Tag hat sich nichts geändert. Es ist die längste Zeit meines Lebens, in der ich mit keinem Menschen spreche. Am siebten Tag endet sie, denn jetzt treffe ich Jurek. Zwei Latinos zeigen mit dem Finger auf ihn und lachen. Jurek hat nichts an. Nichts außer einer Unterhose und einer Sonnenbrille. Er winkt mir von der gegenüberliegenden Straßenseite zu. Auf den staubigen Straßen einer mexikanischen Stadt sieht er aus wie ein dick gewordenes Unterwäschemodel, das sich in die Dritte Welt verirrt hat. Er ist groß, winkt hektisch und schreit «¡Hola!» Er rennt auf mich zu. Ich bekomme Angst.

«Wohin fährst du?»

«Vera Cruz.»

«Ich auch. Wollen wir uns morgen dort treffen? Welches Hotel?»

Ich nenne ihm ein Hostel und frage, warum er nichts anhat.

«Ist alles in der Wäsche.»

«Alles auf einmal?»

Jurek sagt, er habe keine Lust auf viel Gepäck. Alles, was er braucht, seien zwei T-Shirts, zwei Unterhosen, eine Hose und ein Pullover. Alles bis auf diese Unterhose sei eben gerade in der Wäsche.

In der nächsten Nacht gegen drei Uhr hämmert jemand gegen meine Tür. Das Holz ist diesmal dicker als jenes in dem Verschlag. Es hält stand.

«Señor, señor!», ruft jemand.

Nach anfänglichen Befürchtungen, zufällig in den Krieg zweier rivalisierender Drogenkartelle geraten zu sein, öffne ich die Tür. «Señor, señor, tu amigo está aquí», sagt der Hotelangestellte. Mein Freund ist hier, um drei Uhr nachts? Nicht dass ich wüsste. Hinter ihm steht Jurek. Er ist also jetzt mein Freund.

«Wie viel zahlst du für das Zimmer?», fragt er.

«Acht Dollar», antworte ich ihm.

«Gut, vier für jeden», sagt er, wirft seinen kleinen Rucksack in die Ecke, legt sich mit Klamotten (er hat wieder etwas an) auf das Bett und schläft ein. Er schnarcht.

Am nächsten Tag sitzen wir auf der Couch des Hostels und frühstücken. Jureks Frühstück besteht aus einer Cola, einer Tasse Kaffee und zwei Zigaretten. Er nennt das «dirty breakfast». Jurek reist seit zwei Monaten durch die USA und durch Mexiko.

Unter normalen Bedingungen würde ich Jurek für milieufremd halten, aber ich bin seit einer Woche allein unterwegs und ausgehungert nach menschlichem Kontakt. Ich meine, ich will nur gern mal wieder mit jemandem sprechen, der nicht 1,50 Meter klein ist und dessen Sprache wie eine Maschinengewehrsalve klingt.

Am Abend gehen Jurek und ich in eine Bar. Es ist keine Backpackerbar. In einer gefliesten Halle sitzen ältere Männer mit Baskenmützen und verschlagenem Grinsen an hölzernen Tischen, trinken Rum und rauchen Zigaretten. Jurek und ich sind die einzigen Nichtmexikaner. Bis auf eine Gruppe von Mädchen befinden sich in der Bar nur Männer. Die Mädchen sehen eigenartig aus. Eine von ihnen trägt trotz einer Außentemperatur von 30 Grad Wollhandschuhe, der anderen fehlen zwei Schneidezähne, die dritte hat die Figur eines Würfels. Nur eine ist hübsch: Sie ist schlank und hochgewachsen, hat lange schwarze Locken.

Wir trinken Rum, und Jurek erzählt, wie er bei der Besteigung des Popocatepetl in Mexiko fast erfroren wäre, da sich sein einziger Pullover nicht als adäquates Bekleidungsstück erwies. Er erzählt weiter, dass er unterwegs drei Polen kennengelernt habe, die in einem Auto mit defekten Bremsen durch Mexiko fuhren. Wir reden über Tschechien und über Deutschland. Wir trinken den zweiten und den dritten Rum und stoßen auf Europa an. Die

Frauen am Nebentisch sehen jetzt nicht mehr so schlecht aus. Es ist dunkel draußen, wir trinken noch mehr Rum. Jurek erzählt von einem anderen Deutschen, den er in Tijuana getroffen hat. Der wiederum habe berichtet, er sei in Ägypten über einen Basar geschlendert. Als er auf die Frage eines Verkäufers, woher er komme, «Deutschland» geantwortet habe, sei dieser plötzlich unterwürfig freundlich geworden. Er bat den Mann in sein Geschäft, öffnete eine Tür zu einem Hinterzimmer und meinte, er müsse ihm unbedingt etwas ganz Besonderes zeigen. «Hitler, Hitler», flüsterte der Ägypter immer wieder und zog dann ein Tuch von einem gerahmten Bild. «Hitler, good man, very good man!» Auf dem Bild: Charlie Chaplin in seiner Rolle «the great dictator».

Wir lachen, trinken noch einen Rum, und dann tanzen wir zu einem der unzähligen Salsaschlager, die «el corazón» besingen und mich seit Wochen um den Verstand zu bringen drohen. Jurek küsst das Mädchen mit den fehlenden Schneidezähnen. Oder ist es die mit den Wollhandschuhen? Ich weiß es nicht, es ist mir egal, denn ich tanze mit der einzig gutaussehenden Person in dieser Bar. Ihr Körper ist schlank, ihre Augen so schwarz wie ihre lockigen Haare, ihr Blick entschlossen, tiefgründig und fest. Wir tanzen, wir küssen uns. Ich sehe die älteren Männer neben mir grinsend die Köpfe schüttelnd – vor Neid, vor Bewunderung, vor Anerkennung. Es ist alles perfekt. Einer der Männer bricht lachend auf seinem Stuhl zusammen. Ein anderer brüllt: «Andarle, gringo!»

Sie sieht mich an mit ihren großen, schwarzen Augen und stößt mir ihre Zunge tief in den Hals. Ich küsse die schönste Frau dieser Reise! Ihre Zunge wühlt in meinem Mund herum. Ihre Küsse werden fordernder, fast schon aggressiv, könnte man sagen.

Ich habe das Gefühl, dass etwas nicht stimmt. Ich sehe zu Jurek hinüber, der gerade so etwas wie Salsatanzen versucht, was ihm offenbar nicht liegt. Das Mädchen und ich gehen nach draußen. Wir schlendern Hand in Hand vorbei an bunten Kolonialvillen, gehen zum Hafen. Der Mond spiegelt sich auf dem See. Es ist romantisch, nur ihre Hand kommt mir für eine Frauenhand erstaunlich groß vor.

«Du hast große Hände», sage ich.

«Das liegt daran, dass ich eigentlich ein Mann bin.»

Mein Magen rumort. Ich rauche eine Zigarette, dann noch eine, dann ist mir schlecht.

«Ein Mann? Wie?»

«Und jetzt?», fragt sie oder er.

«Estoy mal», sage ich.

«Disculpa.»

«Passt schon», sage ich und kotze ins Hafenwasser.

Sie ist verschwunden. Allein gehe ich zurück zur Bar. Als ich ankomme, sehe ich Jurek draußen vor der Tür. Ein halbes Dutzend Männer, die er um einen Kopf überragt, zerren an den Ärmeln und Ende eines seiner beiden einzigen T-Shirts.

«Alle sind weg. Niemand hat gezahlt. Wir müssen alles bezahlen.»

Wir begleichen tatsächlich die gesamte Rechnung aller Gäste, die an diesem Abend in der Bar waren, was nach westlichen Maßstäben noch immer ein lächerlich geringer Betrag ist. Schlimmer wiegt das Gefühl, in mehrfacher Hinsicht verarscht worden zu sein. Von unserem letzen Geld kaufen wir zwei Flaschen Rum und gehen auf unser Hotelzimmer.

Als wir am nächsten Tag aufwachen, steckt das Bettlaken im Klo, der Boden ist mit Scherben übersät. Es stinkt nach Rum und nach einem anderen, schwer definierbaren organischen Material. Jurek sagt, wir sollten die Stadt verlassen. Ich bin froh, dass ich nicht allein bin. Wir fahren zusammen ans Meer.

Wer ist Mohammed?

Ort: Tétouan, Marokko

«New arrivals should ignore late-night offers of hashish and grass – these dealers have a sixth sense for greenness, and won't miss an opportunity to squeeze ridiculous amounts of money out of frightened people.»
Lonely Planet Morocco[10]

Ich glaube nicht an den Himmel und deshalb auch nicht an die Hölle. Aber wenn es die Hölle gibt, dann stelle ich mir sie so vor wie den Busbahnhof von Tétouan. Tétouan ist eine Stadt, in die niemand will, aber mancher kommt, weil die Busse von Tanger auf dem Weg nach Chefchaouen im marokkanischen Rif-Gebirge dort einen Zwischenstopp machen. Unser Bus fährt in eine gewaltige, dunkle Betonhalle. Mindestens 40 Busse stehen hier schon. Kein Fahrzeug wird bewegt, aber alle Motoren laufen. Es stinkt, es ist dunkel, es ist laut. Die Wände der Halle sind schwarz vor Dreck, nur im hinteren Teil dringt durch ein paar schmale Fenster Licht. Alle Marokkaner verlassen den Bus. Niemand sagt, warum wir hier sind, und vor allem nicht, wann wir wieder losfahren. Immerhin läuft der Motor des Busses noch, was die Hoffnung nährt, dass wir hier nicht allzu lange bleiben werden.

Ich will nicht aussteigen, weil sich vor meinem Fenster zwei Berber prügeln und eine ältere Frau einem entflohenen Huhn hinterherläuft. Die Frau saß die ganze Zeit neben mir. Sie trägt einen weißen Kittel und ein weißes Kopftuch. Sie ist sehr dick und hat acht lebende Hühner bei sich, die sie an den Füßen zusammengebunden hat. Ab und zu behackten sich die Hühner gegenseitig. Als die Frau aussteigt, ist einem der Vögel die Flucht geglückt. Jetzt rennt die dicke Frau in Weiß einem Huhn durch die dunkle, verrußte Halle hinterher, während sie in der linken Hand noch immer die sieben anderen Hühner hält, die sich weiter gegenseitig behacken. Warum die zwei Berber in ihren langen, braunen Kapuzengewändern sich prügeln, erschließt sich mir nicht. Ich hoffe nur, dass nicht einer von beiden gleich einen Krummdolch unter seiner Dschellaba hervorzieht.

Marokko ist nicht weit weg von Europa, trotzdem kann man sich hier so fremd fühlen, als sei man in Kalkutta. Gleichzeitig ist Marokko ein Backpackereinstiegsland. Früher gehörte Marokko noch zum Gültigkeitsbereich des InterRail-Tickets, und deshalb wimmelte es hier in den Sommermonaten vor deutschen Abiturienten, die alle irgendwann mit Durchfall auf den Dächern ihrer billigen Hotels lagen. Heute ist Marokko nicht mehr im Inter-Rail-Angebot enthalten, aber es kommen trotzdem noch viele Abiturienten. Manche von ihnen sagen ihren Eltern, sie würden nach Südspanien fahren, und überqueren dann «heimlich» die Meerenge von Gibraltar.

Im Sommer ist es in den meisten Städten Marokkos unerträglich heiß, und die billigen Hotels vermieten auf ihren Dächern noch billigere Liegeplätze für diejenigen, die einen Schlafsack haben. Marokko ist kein Transitreiseland wie Guatemala oder Laos. Durch Marokko kann man nicht hindurchfahren, weil östlich davon Algerien liegt, in das niemand hineindarf, westlich davon der Atlantik und südlich ein «Semiland» namens Westsahara, das von Marokko besetzt ist und in dem es ohnehin nichts gibt außer Sand. Die meisten Backpacker kommen gezielt für zwei oder mehr Wochen mit dem Flugzeug hierher und fliegen dann wieder heim. Für die anderen ist Marokko die Endstation einer Europareise, um sich anzusehen, wie Europa *nicht* ist, also: chaotisch, dreckig, wild, mit Eseln auf der Straße, Hühnern im Bus und Haschisch an jeder Ecke.

In Marokko gibt es kaum Alkohol. Zwar können sich reichere Touristen problemlos in schicken, französischen Restaurants in Marrakesch eine Flasche Wein bestellen, aber es gibt weder Bars noch Kioske, die Bier in Flaschen verkaufen. Die meisten Menschen haben keine Ahnung, wie sehr sie sich auf ein Bier freuen, wenn sie zwei Wochen keines getrunken haben. Weil aber auch die rechtgläubigen Marokkaner irgendetwas brauchen, um ihr Leben nicht im immer gleichen Geisteszustand zu fristen, bauen die Berber seit Jahrhunderten Cannabis an: Das Rif-Gebirge im Norden des Landes ist eines der größten Haschischanbaugebiete der Welt. Links und rechts und überall, wohin man geht, wachsen Haschischpflanzen. Man raucht es in langen Pfeifen auf den Terrassen französischer Cafés. Offiziell ist es verboten, aber wenn die Regierung den Anbau unterbinden würde, so wird einem in Marokko von Kiffern erzählt, würden Tausende Bauern ihre Existenzgrundlage verlieren. Und diese Berber sind für ihre Aufmüpfigkeit bekannt.

Auf jeden Fall ist das Rif-Gebirge für jeden, der sich nur ansatzweise für Haschisch interessiert, ein hochinteressanter Ort. Deswegen bin ich von Tanger auf dem Weg dorthin. Genauer gesagt in eine Kleinstadt mit dem vokalreichen Namen Chefchaouen. Sie liegt auf 1500 Meter Höhe am Fuß des Rif-Gebirges. Bis zum Anfang des 20. Jahrhunderts durfte kein Christ die Stadt betreten. Der erste Europäer, der hierherkam, soll denn auch ein Engländer gewesen sein, der sich als Moslem verkleidet hatte.

Das Beste an Chefchaouen ist seine Farbe. Fast alle Häuser der Stadt sind blau angestrichen: mal dunkelblau, wie das Hotel, in

das ich möchte, mal hellblau, blassblau oder verwaschen blau –
aber irgendwas ist immer blau.

Es ist nicht so, dass hier alle dauernd am Kiffen wären, aber
irgendwie doch. Wer in die Wüste will, fährt nach Marrakesch,
wer baden möchte, nach Agadir, wer sich für Kultur interessiert,
nach Fes oder Meknès. Wer kiffen will, fährt nach Chefchaouen.
Dagegen mag man einwenden, dass es überhaupt keinen Sinn
macht, in ein fremdes Land zu fahren und die ganze Zeit Drogen
zu nehmen. Da könnte man ja gleich daheimbleiben. Schließlich geht es beim Reisen um «Primärerfahrungen», um richtige
Erlebnisse: Natur, Menschen, fremde Kulturen, neue Eindrücke,
faszinierende Tempel! Solche Sachen eben …

Aber der Ehrlichkeit halber muss man auch sagen: Es gibt
kaum eine bessere Gelegenheit, Drogen auszuprobieren, die man
daheim nie anfassen würde, als eine Reise. Die Droge ist hier aus
dem sozialen Kontext herausgerissen, das verringert das Sucht-
potenzial erheblich. Für viele Backpacker gehört Opiumrauchen
in Laos und Peyotekaktusessen in Mexiko genauso zum Been-
there-done-that-Programm wie der Besuch der Pyramiden auf
einer Reise durch Ägypten.

Zwar sind in den meisten Ländern Drogen noch illegaler als
daheim, aber da die Löhne der örtlichen Polizisten ungleich
geringer sind, bewahren 200 Dollar an der richtigen Stelle die
meisten Backpacker vor Schlimmeren. Zudem ist nicht selten
der Hostelbetreiber auch der Dealer. Man muss sich also nicht
wie daheim zu einem unsympathischen, schmierigen Typen
auf eine verschlissene Couch vor einen Fliesentisch setzen, um
nach und nach in ein Milieu zu rutschen, in dem alle Pickel und
schlechte Zähne haben. Der Rausch – sei es Haschisch in Marokko, Kokain in Kolumbien oder Opium in Laos – bleibt geparkt in
einem fremden Land, gespeichert im Gehirn an einem Ort, den
man wahrscheinlich nie wieder aufsuchen wird. Es gibt längst

Einheimische, die sich darauf spezialisiert haben, Wohlstandskindern aus dem Westen die landestypische Droge – meist zu einem überteuerten Preis – zu verkaufen.

Ich will nicht abschweifen, denn eigentlich soll dieses Kapitel von Mohammed handeln, aber eines will ich noch erzählen: In Laos kauften wir Gras von einem älteren, stets freundlich grinsenden Herrn mit grauem Ziegenbart namens Bang, der jeden vorbeikommenden Backpacker mit «Hello, Mister, how are you? You would like to buy some very fine weed?» ansprach. Er war so höflich und freundlich, als seien wir kleine Kinder, denen er Zuckerwatte verkaufen wollte. Tatsächlich erwähnte jemand, Mister Bang sei bis vor einigen Jahren tatsächlich Eisverkäufer gewesen, habe dann aber wegen der besseren Verdienstmöglichkeiten die Branche gewechselt. Ein paar Kilometer weiter in Vang Vieng verkaufen Hostelbetreiber «Opiumjoints». In Indien gibt es Ketamin in der Apotheke zu kaufen, in Bangkok decken sich Druffis mit Valium ein. Auf den Gili-Inseln bei Bali gibt es «mushroom shakes» für Backpacker, und in Cartagena in Kolumbien soll jedes Hostel einen eigenen Kokaindealer haben. Natürlich hört man immer wieder Abschreckendes über Drogentouristen: In Mittelamerika wird Kokain immer billiger, je näher man Kolumbien kommt. Je geringer die Entfernung zum Ursprungsland der Droge ist, desto öfter trifft man Kokstouristen: 40-jährige Schweizer, die behaupten, «es noch mal wissen zu wollen», und glauben, das funktioniere am besten mit Kokain, und Spanier, die einem lachend erzählen, seit sie eine Nasenscheidewand aus Stahl besitzen, gehe das Koksen noch viel leichter. Hängengebliebene Hippies raufen sich immer an Orten zusammen, an denen Gras und Haschisch im Überfluss vorhanden sind, und versacken für die nächsten 14 Monate dort. Goa in Indien ist ein Sammelbecken für Fans psychedelischer Substanzen.

Es gibt viele Gründe, auf Reisen keine Drogen zu nehmen,

und es gibt eben auch sehr viele Gründe, weshalb man gerade auf Reisen Drogen nehmen sollte. Das Setting ist fast immer großartig, und am nächsten Tag lässt man den Ort und die Droge auf Nimmerwiedersehen hinter sich. Einheimische Drogen auszuprobieren ist ein bisschen wie ein One-Night-Stand – unter normalen Umständen läuft man nicht Gefahr, sich zu verlieben. Es bleibt genauso ungewöhnlich und absurd wie eine 48-Stunden-Zugfahrt dritter Klasse: Die würde man sich daheim auch nie antun. Außerdem gibt es kaum bessere Momente, als bekifft auf der Dachterrasse eines blauen Hauses zu sitzen, umgeben von Bergen, zwischen denen sich gerade Gewitterwolken zusammenraufen. In so einer Umgebung einen schlechten Trip zu haben oder gar paranoid zu werden ist eigentlich nicht möglich.

Weil das so ist, sitze ich in der Hölle von Tétouan und warte seit einer halben Stunde darauf, dass der Bus die Riesengarage verlässt und nach Chefchaouen weiterfährt. Ein kleiner Junge steigt in den Bus. Er ist nicht viel älter als acht Jahre. Sein Haar ist staubig und struppig, sein Gesicht geschwärzt von Abgasen und Ruß. Ein Höllenjunge. Auf seinen Armen trägt er eine imposante Menge Kekspackungen, Zahnpastatuben, kleine Wasserflaschen, Zigaretten und Kaugummipackungen. Er ruft mir etwas auf Arabisch zu, das ich nicht verstehe, und schleudert mir eine Packung Kekse an den Kopf. Ich lege ihm die Kekse vorsichtig zurück in die Arme. Der Höllenjunge schreit nun noch lauter auf Arabisch, es hört sich an, als verfluchte er mich und meine Kinder und die Kinder meiner Kinder. Er wirft mir die Kekse vor die Brust und sagt auf Französisch: «20 Dirham! 20 Dirham!»

Ich antworte «Non, merci» und gebe die Kekse erneut zurück. So geht das noch einige Male, bis sein Repertoire an Flüchen aufgebraucht ist und mein Widerstand dagegen erlahmt, einem achtjährigen Jungen, der das Pech hat, in einer Autogarage zu leben, eine Packung Kekse für vier Euro abzukaufen. Er verschwindet, und ich öffne die Packung, aus der nichts als ein Haufen Brösel quellen.

Kurz darauf erscheint ein freundlicher, älterer Herr. Er ist sehr groß und trägt ein Sakko. Würden ihm nicht die beiden vorderen Schneidezähne fehlen, er strahlte tatsächlich Seriosität aus. Der Mann kommt durch den engen Mittelgang des Busses auf mich zu, bleibt vor mir stehen und gibt mir die Hand. Er stellt sich mir als «el patrón de station de autobuses», als den Herrn dieses Busbahnhofs vor. Der Höllenvorsteher grinst und sagt in einem eigenartig klingenden Kauderwelsch aus Französisch und Spanisch, er habe gesehen, wie ich mit Mohammed Haschisch geraucht hätte. Ich bin verdutzt und muss erst überlegen, sage dann aber, dass das nicht sein kann, weil ich Mohammed gar nicht kenne.

Der Patrón zieht die Augenbrauen in die Höhe, entblößt seine gewaltige Zahnlücke und sieht mich mit großen Augen an: «Willst du damit sagen, dass Mohammed ein Lügner ist?»

«Auf keinen Fall», beteure ich, «ich kenne bloß keinen Mohammed.»

«Mohammed aber hat gesagt, er hätte mit dir» – er stößt mir seinen Zeigefinger vor die Brust –, «mit dir Haschisch geraucht.»

Ich sage, ich würde bei Allah dem Allmächtigen schwören, dass das wirklich vollkommen unmöglich ist, da ich wirklich noch nie einen Menschen namens Mohammed kennengelernt habe.

Das sei jetzt auch egal, meint der «patrón de station de autobuses». Auf jeden Fall müsse ich eine Sicherheitsgebühr entrichten, sonst werde er der Polizei erzählen, dass ich mit Mohammed Haschisch geraucht habe.

«Das kann nicht sein!», rufe ich wieder. «Ich kenne doch gar keinen Mohammed.»

Aber da hat sich der Patrón schon umgedreht und verlässt mit einem Höllenlachen den Bus.

Die Polizei kommt nicht, stattdessen hastet zehn Minuten später ein junger Mann mit Dreck im Gesicht durch den dunklen Bus zu meinem Platz. Er sieht weder freundlich noch seriös, noch frech, sondern einfach nur unsympathisch aus. Er sagt nicht hallo und stellt sich auch nicht vor. Stattdessen hält er mir einen tischtennisballgroßen Klumpen Haschisch vor die Nase. Er sagt, er habe vom Patron gehört, ich wolle Haschisch kaufen. Ich lehne sein Angebot ab, da ich mich an dieser Stelle bereits fühle wie im falschen Film, und das ist mir nicht geheuer. Tatsächlich verschwindet der junge Mann mit dem dreckigen Gesicht wieder.

Es kommen zwei Kinder, die um einen oder zwei Dirham betteln, und schließlich erscheint die alte Frau mit ihren vollzählig versammelten Hühnern und lässt sich neben mir auf den Sitz fallen. Ich bin wieder zwischen Fenster und Berberin nebst Federvieh eingequetscht, aber jetzt folgen nach und nach alle übrigen Passagiere. Die zwei Berber haben sich wieder vertragen, sie nehmen Arm in Arm Platz, jemand fragt den Busfahrer, ob er auch seine Ziege mitnehmen könne, und dann setzt sich der Bus tatsächlich in Bewegung. Wir verlassen die Hölle von Tétouan. Wir sehen wieder Tageslicht.

Die Berberfrau streichelt mit ihrer dicken, schwieligen Hand einen Hahn. Sie sieht mich an und sagt mit tiefer, rauer Stimme: «Sein Name ist Mohammed.»

«Mother dead, father dead, brother dead»

Ort: Granada, Nicaragua

«Der Hanuman Temple am Ortseingang von Pushkar. Am Fuss lagern Obdachlose, von denen es hier so viele gibt, dass ich über sie hinwegschaue.»
Michael[11]

Das mit dem Elend auf Reisen ist scheiße. Die Armut um einen herum, die Bettler mit ihren Arm- oder wahlweise Beinstümpfen, die Kinder mit den großen Augen und vom Hunger aufgetriebenen Bäuchen, die alten Frauen mit ihren Tumoren – all das kann wirklich schlechte Laune machen. Man sitzt am schönsten Strand der Welt, bewundert den Sonnenuntergang, lernt großartige Menschen aus aller Welt kennen, stellt fest, dass man als Kind dieselben Zeichentrickserien angeschaut hat, und betrinkt sich mit ihnen. Man isst die exotischsten Gerichte dieses Planeten, klettert auf geheimnisvolle Pyramiden, schwimmt in tropischen Seen, sieht den Dschungel im Morgennebel – und plötzlich steht ein Bettler ohne Arme vor einem und will Geld.

«Ich hasse Arme», sagt Patrick, und wir stoßen mit unseren Heineken-Flaschen an. Er meint das natürlich nicht so. Es ist seine Art, mit den Herausforderungen einer fremden Kultur umzugehen. Patrick sagt zum Beispiel auch: «Ich liebe es, acht Stunden mit einem guatemaltekischen Chicken-Bus zu fahren, vor allem, wenn eine dicke Mama mit einer Ziege auf dem Schoß neben mir sitzt.» Patrick und ich haben uns in ebendiesem Bus kennengelernt. Wir waren die einzigen Weißen. Die meiste Zeit redet er davon, dass er einen bestimmten Strand finden will. Immer, wenn er davon spricht, zupft er an seinem Billabong-Cap. Er ist geradezu besessen von diesem Strand. Abgesehen davon aber hat er einen guten Humor.

Wir haben Huhn und Reis mit Bohnen bestellt. Reis mit Bohnen kann man in Mittelamerika gar nicht entkommen. Es gibt ihn immer, zu jedem Essen, als Standardsättigungsbeilage. In Nicaragua nennen sie das Zeug «gallo pinto», was so viel wie «bemalter Hahn» bedeutet. Es ist ein Armeleuteessen, das sich jeder leisten kann. Nach spätestens zwei Wochen Mittelamerika gibt es nichts, was langweiliger schmeckt als Reis mit Bohnen. Reis mit Bohnen isst man jeden Tag – morgens, mittags und abends. Egal, was man bestellt, es kommt immer mit Bohnenreis. Immerhin haben wir auch zwei gegrillte Hühner geordert.

Patrick und ich sitzen in einem Restaurant in der Stadt Granada. Wir sind die einzigen Gäste. Die Wände sind türkis gestrichen, ein Deckenventilator wälzt die heiße Luft um, und obwohl er nur geringfügig kühlt, tragen die drei Kellner schwarze Hosen, weiße Hemden, Westen und Fliegen, als würden sie in einem Grandhotel arbeiten. Falls das Restaurant mal ein solches war, so muss das vor der Entkolonialisierung gewesen sein. Auf dem Weg in das Restaurant hat uns eine Gruppe kleiner Kinder angebettelt. Verlauste, struppige, dreckige kleine Teufel stürmten auf uns zu, drängten sich mit kleinen, geöffneten Händen vor uns und schrien: «Señor, por favor, dólares, señor! Por favor!»

Manche lachten dabei, so als sei das Anbetteln von Gringos etwas Lustiges wie Wasserbombenschmeißen. Andere aber sahen ziemlich schlecht aus: Einer hatte schwarze Zähne, einem anderen fehlte eine Hand, und alle hatten sie Dreck im Gesicht. Anfangs lachten wir noch mit ihnen, aber wir wurden diese

Kinder nicht mehr los. Sie zerrten an unseren Sachen, kicherten, schrien, bettelten, als müssten sie einen Teufel austreiben. «Señor, por favor, dólares, señor! Por favor!» Sie folgten uns eine halbe Stunde durch die Stadt. Erst, als wir das Restaurant erreichten, kam ein Kellner herausgelaufen und verscheuchte die Kinder. Die Bande stob auseinander.

Ich sage: «Ich kann es nicht leiden, wenn Bettler mich anfassen. Sie können mich ja um Geld fragen, aber ein Nein ist ein Nein. Das können die doch verdammt noch mal akzeptieren. Und sie sollen mich dabei nicht anfassen.»

Patrick meint: «Nicaragua ist ein gutes Land, aber diese Bettler können einem den ganzen Aufenthalt vermiesen.»

Ich erwidere: «Kindern gebe ich nichts. Wenn man ihnen nämlich was gibt, gehen sie nicht mehr in die Schule.»

Patrick sagt: «Männern gebe ich auch nichts. Die versaufen doch nur alles.»

Ich wieder: «Was ich nicht ausstehen kann, ist, wenn mich jemand beim Essen anbettelt. So jemandem gebe ich nichts.»

Patrick: «Ich hasse es, wenn sie mich anfassen und versuchen, mich festzuhalten. Das macht mich wirklich aggressiv, wenn jemand an meinen Sachen herumzerrt.»

Ich: «Leuten mit Behinderung sollte man auch nichts geben. Da stecken oft Banden dahinter, die die Leute mit Absicht verkrüppelt haben. So wie in *Slumdog Millionär*.»

Patrick: «Gestern hat mich eine Mutter mit Baby angebettelt. Die hat jedem Touristen ihr Baby ins Gesicht gehalten. Ich kann es nicht ausstehen, wenn man sein Elend so zur Schau stellt.»

Ich: «Eigentlich kann man nur alten Frauen was geben. Das sind die Einzigen, die es nicht versaufen.»

«Und selbst bei denen weiß man es nicht», sagt Patrick. «Ich habe mal von einem Alkoholiker gehört, der sich als alte Frau verkleidet hat.»

«Viel besser ist es, an UNICEF zu spenden. Da kann man sich wenigstens sicher sein, dass die das Geld sinnvoll verwenden.»

Zwei Kellner in Grandhoteluniform kommen und bringen zwei gegrillte Hühner und einen gewaltigen Berg Gallo Pinto sowie zwei Bier. Das Essen kostet vier US-Dollar.

Das Elend in den Ländern des Banana-Pancake-Pfades ist ein Kreuz. Leider geht ein niedriges Preisniveau fast immer mit einer sehr hohen Armutsquote einher. In Südamerika, Mittelamerika, Marokko, Südostasien, Indien – überall dort, wo man als Westler für 20 Euro am Tag wie ein kleiner König leben kann, wimmelt es von Bettlern, die sich auf weiße Touristen spezialisiert haben. Am schlimmsten ist es in Indien, weil Bettler in Indien eine eigene Kaste bilden. Und wenn jemand in eine Bettlerkaste hineingeboren wird, dann – denken die Inder – muss er eben ein guter Bettler sein, um im nächsten Leben als Ingenieur wiedergeboren zu werden. Auf jeden Fall macht es für jemanden, der in die Bettlerkaste hineingeboren ist, überhaupt keinen Sinn, irgendetwas anderes zu versuchen. Er ist als Bettler geboren, und deswegen bettelt er. In Indien steht man dem Elend am gleichgültigsten gegenüber, weil sich auch die Inder um das Elend einen Dreck kümmern. In Mumbai liegt unter den Ständen, auf denen Händler schwarzgebrannte CDs verkaufen, ab und zu ein Mensch herum. Man weiß nicht, ob er gerade schläft, stirbt oder etwas sucht. Das ist schlimm, aber noch schlimmer ist, dass es die Standverkäufer am allerwenigsten interessiert.

In Lateinamerika ist das Elend aggressiver. Nachts kann man nicht zu Fuß durch die Straßen gehen, weil früher oder später ein unfreundlicher junger Mann erscheint und ein Messer zieht. Gijs, ein Holländer, den ich in Panama treffe, ist in den letzten zwei Wochen viermal ausgeraubt worden.

«Irgendwann kriegt man Routine», sagt er. «Wenn du nachts ausgehst, nimmst du etwa 20 Euro mit und steckst sie in die Hosentasche. Kommt ein Räuber, drücke ich sie ihm schnell in die Hand, und er läuft weg.»

Außerdem sieht man in Großstädten wie Managua oder Tegucigalpa Kriegskrüppel beim Betteln. Manche tragen noch ihre Armeeuniform und grinsen den Reisenden so aggressiv an, dass er befürchten muss, gleich mit einer Machete aufgeschlitzt zu werden, wenn er kein Geld rausrückt. In Thailand, Laos und Kambodscha sind die Bettler devot und oft außerordentlich freundlich. Sie begrüßen den Reisenden mit: «Hello, mister, I am very sorry for bothering you, but you maybe have a little money for me?» In China schleifen manche Eltern ihre Kleinkinder spätnachts vor die Clubs, in denen die Reichen feiern, um Mitleid zu erregen.

Viele der Länder, die der Banana-Pancake-Pfad durchläuft, sind bettelarm. Das heißt: Die Menschen leben von ein paar Euro am Tag. Es gibt keine nennenswerten sozialen Sicherungssysteme. In Deutschland muss tatsächlich kein Mensch betteln, weil dank oder vielmehr trotz Hartz IV in Deutschland niemand verhungert. In Nicaragua, Kambodscha oder Indien kann das aber tatsächlich passieren. Kinder ohne Eltern, Alte ohne Kinder, Frauen mit Kindern, aber ohne Männer oder Männer ohne Füße haben ein Riesenproblem. Niemand bettelt freiwillig, es sind die Umstände, die diese Menschen dazu treiben.

Die Geber-Menschen aus dem Norden und Westen der Erdkugel haben in Ferienjobs ein paar tausend Euro auf die Seite gelegt. Sie können sich einen Flug um die halbe Welt leisten, um drei Monate lange nichts zu tun. Sie haben iPods und iPhones, Digitalkameras und Laptops, Northface-Jacken und Low-Alpine-Rucksäcke. Sie schlafen in Hotels, essen jeden Tag in einem Restaurant, sie trinken Bier und haben Sex, ohne gleich jemanden heiraten zu müssen. Sie waren länger als vier Jahre auf einer Schule und wissen, wie man eine E-Mail schreibt. Sie haben

Eltern, die im Notfall alles tun würden, um sie aus dem letzten Winkel der Erde nach Hause zu holen. Und diese Menschen denken ernsthaft darüber nach, einem Bettler ein oder zwei Euro zu geben?

Ja. Weil die Sache eben doch nicht so einfach ist. Oft sind Bettler organisiert. Gerade Kinder müssen meist den Großteil ihrer Almosen an einen Bandenboss abgeben. In dem Film *Slumdog Millionär* wird ein kleiner Junge geblendet, weil er als Blinder mehr Ertrag bringt. Anderen werden Gliedmaßen gebrochen oder man entstellt sie anderweitig. Erst, wenn diese Kinder kein Geld mehr von Touristen bekämen, würden die Bandenbosse merken, dass das absichtliche Verstümmeln von Kindern nichts bringt. So aber hält man mit jedem Cent, den man gibt, die Mitleidsmaschinerie am Laufen.

Das ist natürlich ein drastisches Beispiel. Die meisten Kinder werden nicht absichtlich entstellt, sondern von ihren Eltern zum Betteln geschickt. Was aber soll man denken, wenn man um zehn Uhr vormittags von einem Achtjährigen um einen Dollar gebeten wird? Es ist nicht so schwer, darauf zu kommen, dass dieser kleine Mensch eigentlich in der Schule sein sollte und nicht auf der Straße. Und er würde wahrscheinlich auch selbst lieber in die Schule gehen, wenn seine Eltern ihn nicht zum Betteln geschickt hätten. Erst, wenn diese Kinder kein Geld mehr nach Hause bringen, weil ihnen niemand etwas gibt, werden die Eltern vielleicht endlich einsehen, dass es sinnvoller ist, ein Kind etwas lernen zu lassen.

Was soll man von einer Mutter halten, die sich um drei Uhr morgens mit ihrer Tochter, die einen tennisballgroßen Tumor am Hinterkopf hat, vor eine Diskothek setzt und bettelt? Braucht sie wirklich das Geld für eine Operation? Und selbst wenn es so wäre – ist das Zurschaustellen von Elend tatsächlich das angemessene Mittel, an dieses Geld zu kommen?

Man muss nicht gleich in die FDP eintreten, wenn man sich die Frage stellt: Was würden all diese Bettler tun, wenn sie mit einem Schlag einfach kein Geld mehr von Touristen bekämen? Würden sie von heute auf morgen sterben? Oder würden sie sich vielleicht eine Arbeit suchen, etwas verkaufen, einen kleinen Laden eröffnen? Und würde das dem Land, das einen geradezu mit seinem Elend, Schmutz und seiner Grausamkeit erschlägt, nicht vielleicht am meisten weiterhelfen?

Hinzu kommt, dass einen viele Bettler schlicht zum Narren halten. In Indien erzählt mir ein hungriges Mädchen: «Mother dead, father dead, brother dead – I am hungry», und reibt sich dabei mit großen schwarzen Augen den kleinen Bauch. Ich gebe ihr kein Geld, sondern fünf Bananen. Zwei Minuten später sehe ich, wie sie die Bananen zum Obstverkäufer an der Ecke zurückbringt und sich das Geld dafür geben lässt.

Am sinnvollsten ist es, sein Geld den Hilfsorganisationen zu spenden. Sie haben Erfahrung und wissen, wer wo am dringendsten Geld braucht und wie man es nachhaltig verwendet, anstatt neue Abhängigkeiten zu schaffen. Unter dem Strich trägt Hilfe in Form von Mikrokrediten, Ziegen oder dem Kauf eines Stücks Regenwald wesentlich besser dazu bei, das Elend auf der Welt zu lindern, als jedem zweiten Straßenbettler eine Münze zuzuwerfen.

Trotzdem ist jede Bettelei immer eine Mensch-zu-Mensch-Begegnung. Jedes Mal sagt ein Mensch zum anderen: «Mir geht es schlecht, bitte hilf mir.» Und jeder, dessen Herz nicht aus Plastik ist, möchte sagen: «Mir geht es gut, ich kann nicht einmal etwas dafür, dass es mir gutgeht, ich will dir helfen.» Das ist die normale Reaktion unter Menschen.

Nur hält das kein Mensch im Kopf aus, wenn er Anfang 20 ist, vor allem Mädchen, Bier und einen Tauchkurs im Kopf hat und jeden Tag 38-mal von Kleinkindern, Kriegsversehrten und

Alkoholikern angebettelt wird. Jeder normale Mensch dreht irgendwann durch, wenn er Tag für Tag traurige Kinderaugen, verstümmelte Arme und krumme Rücken sieht. Jedem, der kein Eisbär ist, geht das nahe, und jeder, der dem Tag für Tag ausgesetzt ist, würde gern ein Eisbär sein, um den Schmerz, den das Elend verursacht, nicht mehr zu spüren. Um durch Dritte-Welt-Länder reisen zu können, ohne ständig angesichts des Leids auf dieser Erde in Tränen auszubrechen, braucht man einen Schutzpanzer.

Der billigste Schutzpanzer, der gegen das Elend der Welt im Angebot ist, heißt «Zynismus». Mit schwarzem Humor lässt sich eigentlich fast alles ertragen. Wer zynisch ist, macht einfach einen Witz über das Elend, und schon ist das Elend nicht mehr ganz so schlimm. Das ist der theoretische Zynismus. Wenn ein indisches Kind kommt und jammert: «Mama dead, Papa dead, please give five rupees!», sagt der Zyniker: «Oh, so sorry, but my mama dead, too!», und geht weiter. Erzählt man anderen Backpackern, dass man heute von einem einarmigen Banditen angebettelt wurde, versteckt man dabei seinen eigenen Arm und äfft den Bettler nach. Manche lachen dann. Ist gemein, aber lustig.

Die höchste Stufe ist der praktische Zynismus. Das bedeutet zum Beispiel, einen Bettler, der hungernd die Hand aufhält, mit High Five abzuklatschen oder ihm einen angebissenen Big Mäc aus dem McDonald's in die Hand zu drücken. Zynismus ist aber immer nur ein paar Millimeter vom Arschlochsein entfernt.

Patrick und ich sitzen vor einem riesigen Berg Gallo Pinto, zwei ganzen Hühnern und zwei Flaschen Bier. Es ist zu viel für uns. Die Kellner scheinen stolz darauf zu sein, uns Portionen bringen zu können, von der auch eine Kleinfamilie satt werden kann. Das Ganze kostet uns zusammen acht Dollar.

Ich sage: «All das Elend geht mir genauso auf den Sack wie dieser Reis mit Bohnen.»

Patrick erwidert etwas, das nach dem berühmten Marie-Antoinette-Zitat klingt: «Dann sollen sie doch Kuchen essen.»

Und nun passiert etwas Eigenartiges. Ein kleiner, dreckiger Junge lugt ins Restaurant. Vorsichtig, ängstlich, neugierig. Er sieht, dass wir Huhn und Reis mit Bohnen essen. Sofort läuft ein Kellner zur Tür und schreit den Jungen auf Spanisch an. Der Junge läuft weg, aber schon nach ein paar Minuten ist er wieder da. Wieder späht er um die Ecke der Eingangstür. Die Kellner sind gerade damit beschäftigt, in der Küche Zigaretten zu rauchen. Patrick reißt das Bein seines Huhnes ab und bedeutet dem Jungen, es zu nehmen. Der Junge zögert, zaudert, blickt nach den Kellnern. Er rennt los, auf Patrick zu, und greift sich das Hühnerbein. Noch während er wieder ins Freie läuft, stopft er das Hühnerbein in sich hinein. Jetzt kommen zwei, drei Kinder und grinsen durch die Tür. Ich reiße den Flügel meines Huhns ab und biete es ihnen an. Sie flitzen zu unserem Tisch, nehmen das Essen und flüchten, so schnell sie können. Dann kommt der Junge von vorhin wieder, dann drei andere Kinder, dann fünf, dann neun. Sie stehen um unseren Tisch herum, kichern, betteln, quasseln und lachen, und wir verteilen das Fleisch und den langweiligen Reis mit Bohnen. Patrick formt aus seiner Serviette einen kleinen Sack und schaufelt dort über die Hälfte seiner Portion hinein.

Die drei Kellner schimpfen aus der Küche. Einer von ihnen kommt mit einem Kochlöffel angelaufen und fängt an, den Kindern damit auf den Kopf zu schlagen. Aber die Kinder sind in der Überzahl, und erst nachdem unsere Teller leer sind, gelingt es den Kellnern, sie aus dem Restaurant zu vertreiben.

«Sie hatten Hunger», sagt Patrick zu den Kellnern.

Die Hängengebliebenen

Ort: Dali, China

«But goddammit, I also love a new set of clothes to carry me through the day, and long-term backpacking just isn't for me.»
Candice Walsh[12]

Es riecht nach Mangos. Nach überreifen, matschigen Mangos. Auf dem kleinen Tisch ringen Bierflaschen um Platz mit einem Aschenbecher, in dem sich Zigarettenstummel stapeln, aber weit und breit keine Mango. Das Licht ist spärlich, und es fällt schwer, etwas zu erkennen, doch auch auf dem Boden: keine Mango.

Bis auf diesen Mango-Matsch-Geruch ist alles verdammt nah dran an der Perfektion. Links erheben sich die Ausläufer des Himalaja, rechts spiegeln sich bei Tag die vorüberziehenden Wolken in einem großen See. Nirgends erscheint der Himmel so nah wie hier, so nah, dass man zum ersten Mal seit Jahren wieder an Asterix und die Gallier denken muss, deren größte Sorge es ist, der Himmel könnte ihnen auf den Kopf fallen.

Wir sitzen in Liz' Bar, die mehr Garten als Bar ist. Hier sind nur Leute, die zu viel rauchen. Ab und zu sagt einer: «Ah, der Himmel. Er ist so nah, hoffentlich fällt er nicht runter.» Zwei dürre Katzen streichen um unsere Beine und miauen hin und wieder. Eine Hundemutter wacht in einem Zimmer hinter unserem Tisch über ihre gerade geborenen Welpen. Die Luft ist lau, Licht spenden nur zwei Kerzen und der Mond. Zwei Mädchen aus Israel bewundern gegenseitig ihre Ohrringe, die sie heute bei einer alten Frau gekauft haben. Ein Australier namens Dylan dreht sich den nächsten Joint.

Es ist bereits der vierte Abend bei Liz. Liz lacht die ganze Zeit über irgendwas. Meistens weiß niemand, worüber. Man sieht dann, dass ihre Zähne fast schwarz sind – vielleicht hat sie Karies, vielleicht kaut sie aber auch Betelnuss. Der erste Abend war spannend. Wir entdeckten die kleine Bar zufällig bei einem Nachtspaziergang. Gedämpftes Licht drang von drinnen auf die Straße, und leise hörten wir jemanden Gitarre spielen, zwar irgendetwas von Bob Marley, aber immerhin. Vorsichtig betraten wir die leere Bar. Ein kleiner Hund knurrte uns an. Am Ende des Raumes lachte eine Chinesin um die 40 mit sehr schwarzen Zähnen und bat uns in den Garten. Die Gruppe aus zwei Dreadlockträgern, zwei Glatzköpfen und zwei sehr hübschen israelischen Mädchen bot uns sofort zwei Stühle an und versorgte uns mit Bier und Gin Tonic. Wir redeten wenig, und das war vollkommen in Ordnung.

Am zweiten Abend saßen dieselben Leute rund um den kleinen Gartentisch, tranken Bier, rauchten Joints und redeten wieder wenig. Am dritten Abend begrüßten wir uns schon mit Namen, und heute, am vierten Tag, ist es, als hätten wir zusammen die Hälfte unseres Lebens hier verbracht. Dylan ist ein Australier mit meterlangen Dreads, der hier seit vier Jahren lebt. Der Spanier Miguel hat auch Dreadlocks und schwärmt von Berlin Minimal Techno. Ihn hat es vor einem halben Jahr hierher verschlagen. Sein Visum ist vor drei Monaten abgelaufen, aber er meint: «Hier interessiert das keinen.» Außerdem sitzen noch ein Deutscher und ein Amerikaner am Tisch. Letzterer heißt John, ist seit zwei Jahren hier und sagt, sein Lieblingslied sei «I am loser, baby» von Beck. Der Deutsche sieht aus, als käme er aus der Sächsischen Schweiz und wäre rechtsradikal. Ist er aber nicht.

Es gibt Orte auf der Welt, die so perfekt sind, dass immer wieder Reisende dort hängenbleiben. Dort gibt es meistens einen See oder ein Gebirge – am besten beides – oder natürlich einen Strand. Die Landschaft ist so geil, dass man mehrere Stunden am Tag nur mit Schauen verbringen kann. Es muss billig sein, sonst kann man sich das Hängenbleiben nicht leisten, und idealerweise sollten auch Cannabisprodukte im Überfluss erhältlich sein (in Dali ist das Business in den Händen alter Frauen, die in ihrer einheimischen Tracht und gebrochenem Englisch das Zeug an Touristen verkaufen). San Pedro in Guatemala ist solch ein Ort, Koh Phangan in Thailand war es früher mal, Indien ist sowieso voll davon, und eben auch Dali in Südwestchina gehört dazu.

Dali liegt in der Provinz Yunnan, die im Süden an Laos und Myanmar und im Westen an Tibet grenzt. Es leben dort sehr viele Minderheiten, was zu betonen der chinesischen Regierung sehr wichtig ist, um keineswegs den Eindruck zu erwecken, die Volksrepublik sei ein von Han-Chinesen dominierter Einheitsbrei. Dali liegt an einem großen, aber doch übersichtlichen See, auf der anderen Seite beginnen die Ausläufer des Himalaja. Wer weiter Richtung Westen fährt, landet früher oder später in Tibet. Dali ist ein Refugium, nicht viele «pauschale» Chinatouristen verschlägt es dorthin, wohl aber Backpacker. Die meisten bleiben einfach länger als geplant: Aus drei Tagen werden sieben, aus einer Woche zwei. Manchmal aber werden aus Wochen auch Monate und aus Monaten Jahre.

Diese Gestrandeten bilden eine kleine Community, die sich untereinander kennt, sich streitet und wechselnde Beziehungen miteinander hat. Die vorherrschenden Frisuren sind Glatze oder Dreadlocks. Jeder Zweite kann Gitarre spielen (das Repertoire beschränkt sich auf diverse Songs von Bob Marley, zwei, drei Revolutionslieder auf Spanisch und «Under the bridge» von den Red Hot Chili Peppers). Sie alle waren einst als Backpacker unterwegs, reisten sechs Wochen durch Thailand, flogen wieder heim und merkten, dass sie keinen Bock mehr auf das Leben dort hatten. Vielleicht hatte das Leben dort auch keinen Bock mehr auf sie. Vielleicht sagte das Leben zu ihnen: «Tut mir leid, mit der Einstellung, die du hast, kann ich nix anfangen. Du willst nix arbeiten, hast keinen Bock auf Karriere, brauchst keine Statussymbole. Geh mal besser anderswohin.» Auf jeden Fall sparten sie etwas Geld und fuhren wieder fort, dieses Mal länger, ein halbes Jahr oder ein ganzes. Als sie das nächste Mal zurückkamen, war die Frustration noch größer. Ihre Freunde von damals arbeiteten in einer Bank, waren verheiratet oder schon wieder geschieden. Das Heimatland wurde zum Hochpreisland, in dem sich schnell viel Geld verdienen ließ, mit dem man wiederum möglichst lange durch Dritte-Welt-Länder reiste. Aber hier leben? Nein, danke!

Die meisten Backpacker wollen trotzdem irgendwann wieder nach Hause. «Über 90 Prozent der Backpacker haben nach einem Jahr ihren Reise-Hunger gestillt», sagt Jana Binder in einem Artikel der *Süddeutschen Zeitung*. «Sie freuen sich sogar, diesen Zustand des Driftens zu beenden.»[13] Den restlichen zehn Prozent aber geht es anders: Je länger sie unterwegs sind, desto schwieriger wird es für sie, zurückzukehren und so etwas wie ein bürgerliches Leben zu beginnen. Die Frustrationsschwelle ist gesunken, sodass jedes kleine Ärgernis – ein Strafzettel wegen Falschparkens, die Abfuhr eines Menschen, den man gut findet, oder eine leichte Form von Alltagsmonotonie – den Impuls auslöst, sofort alles stehen- und liegenzulassen und wieder in ein fremdes Land zu fahren. Langzeitbackpacker, Leute also, die länger als ein Jahr mit dem Rucksack unterwegs waren, sind meistens versaut für ein Leben mit 9-to-5-Job, Kindern und Golden Retriever im Einfamilienhaus. Sie können nicht mehr zurück – außer, um drei Monate lang etwas Geld zu verdienen.

Langzeitbackpacker haben aber auch den Banana-Pancake-

Pfad verlassen. Sie sind genervt von all den naiv-lebenshungrigen Abiturienten – oft zehn Jahre jünger als sie selbst – und den Teilzeitaussteigern, die nach zwei Wochen Vietnam wieder nach Deutschland zurückfahren, um bei VW zu arbeiten. Viele dieser Dauergestrandeten erliegen der Illusion, in armen Ländern seien die Menschen nicht so materialistisch und viel weniger auf Geld und Statussymbole fixiert. Das stimmt leider nicht. Für die Einheimischen jedoch sind sie vielmehr eher unerwünschte Gäste, da sie nur einen Bruchteil des Geldes ausgeben, den normale Backpacker vor Ort lassen. Sie ernähren sich in Thailand ausschließlich vom Billigessen Pad Thai, wollen Tempel auf eigene Faust anstatt mit dem Tourguide des Hotels anschauen und fahren mit Einheimischenbus anstatt mit dem Taxi. Sie sparen, wo sie nur können, denn fünf gesparte Euro bedeuten für sie einen Tag länger nicht in ihre Heimat zurückzumüssen. Sie versuchen außerdem, sich mit selbstgebasteltem Schmuck etwas dazuzuverdienen, und machen damit den Einheimischen Konkurrenz.

Langzeitbackpacker haben es also nicht leicht. Sie wollen bzw. können nicht in ihre Heimat zurück, sie sind gelangweilt von den überlaufenen Punkten des Banana-Pancake-Trails, und Touristen hassen sie ohnehin wie der Teufel das Weihwasser. An die Kultur der Einheimischen passen sie sich aber auch nicht an. Nur unter ihresgleichen fühlen sich Langzeitbackpacker dauerhaft wohl. So rotten sie sich an bestimmten Orten zusammen. Als Otto-Normal-Backpacker auf solche Orte zu stoßen ist großes Glück. Von den Hängengebliebenen wird man mit offenen Armen aufgenommen. Sie sind ihrer kleinen Gruppe überdrüssig, lästern übereinander und sehen in jedem Neuankömmling einen potenziellen Verbündeten. Die Gestrandeten sind freilich ein wenig verlottert und ihre Synapsen vom Cannabis verklebt, aber alles in allem handelt es sich fast immer um sehr freundliche, sympathische Zeitgenossen, die ein bisschen verrückt sind (aber das fällt einem immer erst später auf). Und alle haben eine besondere Geschichte zu erzählen.

Dylan, der Australier mit den langen Dreads, spielt «Buffalo soldier» auf der Gitarre. Die israelischen Mädchen applaudieren begeistert. Der Spanier springt auf und sagt, heute Abend sei eine Party im Bad Monkey. Liz murrt etwas, wirft sich dann aber ein Cape über, trottet nach drinnen und kehrt kurz darauf mit einem Zettel zurück, auf dem in krakeliger Schrift ein paar Zahlen geschrieben stehen. Es ist die Rechnung des heutigen Abends. Als Erste zahlen die beiden israelischen Mädchen – ohne zu diskutieren. Dylan sagt, er habe bereits gestern bezahlt, was Liz anscheinend als Argument gelten lässt. Der Spanier kramt aus einem Lederbeutel umgerechnet 50 Cent hervor, verspricht aber im Gegenzug, auf der nächsten Party bei Liz aufzulegen. Thomas bezahlt gar nichts. Liz bläst die Kerzen aus, wirft dabei eine um und beginnt hysterisch zu kichern, als das Wachs über die Rechnung des heutigen Abends läuft. Der Spanier sammelt die Bierflaschen ein und bringt sie nach drinnen. Thomas schaltet die Musik ab, während Liz noch immer lachend in ihrem Gartenstuhl sitzt.

«What is this fucking mango smell?», fragt eines der israelischen Mädchen. Es riecht immer stärker nach Mango.

Wir gehen vorbei an einem Shao Kao, einem chinesischen Straßengrill, und biegen rechts in eine andere Gasse ein. Dali ist eine der wenigen chinesischen Städte, deren Altstadt nicht im Modernisierungswahn der letzten beiden Dekaden plattgemacht und durch 80-stöckige Hochhäuser ersetzt worden ist. Die Stadt ist ein Quadrat, das eine Stadtmauer umgibt. Alle Straßen sind im rechten Winkel angeordnet, durch die Mitte rauscht ein kleiner Bach. Kein Haus hat mehr als zwei Stockwerke.

Thomas raucht noch immer seinen Joint. «Früher, vor den Olympischen Spielen», sagt er, «war alles besser. Da konnte man überall kiffen, sogar in der Bank. Aber dann kam diese ‹Wir säubern China›-Kampagne, und diese Idioten haben das Kiffen überall verboten. Wenn das so weitergeht, muss ich hier weg.»

Eine kleine, sehr alte und sehr verhutzelte chinesische Frau kommt uns entgegen, hält uns ihre Hand hin und murmelt etwas auf Chinesisch. Thomas antwortet etwas auf Chinesisch. «Ich habe kein Geld, das weiß die auch, die kennt mich.»

Der Spanier öffnet die Tür eines einstöckigen Hauses, das die Bar Bad Monkey beherbergt. Er macht das Licht an, stöpselt seinen Laptop ein und ruft begeistert: «Berlin Minimal Techno!»

Thomas und Liz lassen sich auf einer Couch im Innenhof nieder, Dylan schenkt sich und uns Gin Tonic ein, macht auf einem Zettel drei Striche und setzt sich an die Bar.

Das Bad Monkey unterscheidet sich kaum von Liz' Bar. Hinter einem Raum mit Bar, Couches und Che-Guevara-Postern an der Wand liegt ein Innenhof mit weiteren Couches und vielen Pflanzen. Es hat den Charme eines selten besuchten Jugendzentrums. Die Tür geht auf, drei junge Chinesinnen kommen herein und schreien: «Party!» Eine von ihnen drückt Thomas kurz einen Kuss auf die Wange, worauf der Spanier den Raum verlässt.

«Die war vor einem Monat noch mit ihm zusammen. Dann hat sie ihn für Thomas verlassen», sagt Dylan achselzuckend. «Aber eigentlich war hier jeder schon mal mit jedem zusammen.»

Der Mangogeruch wird noch stechender. Eine der drei Chinesinnen fuchtelt inzwischen mit einem kleinen Beil durch die Luft. Sie zerhackt blitzschnell eine Zitrone in drei gleich große Teile. Ihre Freundin schenkt zeitgleich in drei Gläser Tequila ein. Alle drei schreien wieder «Party!» und kippen den Schnaps hinunter.

Dylan sagt, die Chinesinnen seien froh, mal aus ihren traditionellen Familien herauszukommen; für sie sei das Abhängen mit Backpackern Rebellion und Befreiung. Dylan erzählt, er lebe mit Unterbrechungen seit zwei Jahren hier. Eigentlich stamme er aus Australien, aber nach einer Asienreise habe ihm das Leben daheim keinen Spaß mehr gemacht.

«It is all about money», sagt er. «Outside they are building a crazy world.»

Mit «outside» meint er alles außerhalb Dalis. Zweimal im Jahr, erzählt Dylan, fährt er nach Hause, um beim «fruitpicking» Geld zu verdienen. Er pflückt mit anderen, meist nichtaustralischen Backpackern Kiwis, Orangen und Mangos.

«Letztes Jahr habe ich nur Mangos gepflückt. Es war nicht schlecht, ich konnte immer eine essen, wenn ich Lust hatte.»

Obstpflücker werden nach Kilos bezahlt, was sich für ungeübte Backpacker aus Deutschland fatal auf den Verdienst auswirkt. Geübte Fruitpicker wie Dylan verdienen so etwa 80 australische Dollar am Tag. 3000 Dollar reichen leicht für ein halbes Jahr in Dali.

Thomas setzt sich neben uns und fragt, ob ich aus Deutschland sei.

Die Chinesin beginnt wieder mit dem Hackebeil herumzufuchteln. Die Szene erinnert an den Film *Kill Bill* von Quentin Tarantino. Thomas sagt, er sei auch mal Deutscher gewesen, er habe sogar noch einen Pass. Das Messer saust herunter auf die Zitrone und hackt drei Scheiben heraus. Die drei Frauen brüllen im Chor «Party!» und kippen den zweiten Schnaps hinunter.

Thomas steht nun am Tresen, dreht einen weiteren Joint und fängt an, seine Geschichte zu erzählen: Er arbeitete in Berlin als Psychotherapeut in einem Behindertenheim. Es lief, wie es eben lief, wenn man ein paar Jahre denselben Job macht – ein bisschen gut, ein bisschen langweilig. Eines Tages fand er heraus, dass ein geistig und körperlich behindertes Mädchen von ihrem Stiefvater sexuell missbraucht wurde.

«Da bin ich durchgedreht. Ich meine, die hatte ein Auge hier oben, das andere da unten. Die war geistig und körperlich vollkommen durch und dazu erst 14. Wie kann man so jemanden vergewaltigen? Ich habe das nicht begriffen. Mir wurde das alles zu viel. Okay, ich habe auch wirklich viel gekokst zu der Zeit, das kam erschwerend hinzu. Meine Katze mochte mich nicht mehr. Katzen merken das, wenn man kokst. Die riechen das über die Haut.»

Thomas kam selbst in die Psychiatrie und blieb dort sechs Wochen. Dann hatte er keine Lust mehr auf Deutschland. «Ich habe alles verkauft, was ich hatte. Was übrig war, habe ich in einen Rucksack gepackt und bin losgelaufen.»

Wieder saust das Beil auf die Zitrone, der Schnaps strömt in die Gläser und Kehlen, und die drei Chinesinnen brüllen im Chor: «Party!»

Thomas lief durch Polen, durch die Ukraine, durch Russland. Nie nahm er den Zug, nie trampte er, die ganze Strecke, sagte er, ging er zu Fuß. «Im Ural habe ich mich von Konserven ernährt. Nachts sind Wölfe gekommen und haben mich angefallen. Im Winter war ich in Sibirien und habe mich verlaufen. Ich sag dir, wenn du dich nachts im Schnee verläufst, bist du so gut wie tot. Erst nach drei Stunden hat mich ein Russe gefunden.»

Er wanderte weiter Richtung Osten. In der Mongolei baute er einem Viehhirten einen deutschen Holzzaun. Der Mongole war derart begeistert, dass er ihm seine Tochter zur Frau geben wollte. Aber Thomas musste weiter, wohin, wusste er selbst nicht. Er lief durch China, und irgendwann, nach über einem halben Jahr Wanderschaft kam er in Dali an. «Ich dachte mir dann, hier ist es irgendwie gut, hier bleibe ich.» Am Hügel außerhalb der Stadtmauern baute er sich ein Haus. Nun lebt er davon, Schmuck und Bälle zum Jonglieren an Touristen zu verkaufen.

Die Chinesinnen wiederholen ihr Ritual gerade zum fünften Mal. Nachdem sie auch diesen Tequila auf ex getrunken und

«Party!» gerufen haben, tanzen sie zu Berlin Minimal Techno. Sie sind die einzigen Personen, die tanzen. Der Spanier ist in die Playlist seines Laptops vertieft. Liz sitzt leicht verwirrt auf der Couch im Innenhof und lacht den Mond an. Thomas möchte jetzt über die schwierige Beziehung zu seinem Vater reden und legt mir ein ums andere Mal den Arm um die Schultern.

Es riecht noch immer nach Mangos. Das kommt von Dylan. Von seinen meterlangen Dreads, die bei der letzten Mangoernte in Australien im Matsch schleiften.

Ich verlasse Dali am nächsten Tag. Die anderen bleiben.

Die heiligen Männer von Pushkar

Ort: Pushkar, Indien

«Weisheit ist nicht mitteilbar. Weisheit, welche ein Weiser mitzuteilen versucht, klingt immer wie Narrheit.»
Hermann Hesse, *Siddhartha*[14]

Pushkar ist ein heiliger Ort. Man merkt das gleich, wenn man den Bus verlässt und in Richtung See geht. Ein Inder greift den Besucher am Arm, hält ihn fest wie im Schraubstock und zerrt ihn zum Ufer. Das ganze Ufer ist mit Steintreppen, sogenannten «ghats», verbaut. Der Inder führt den Reisenden zum Eingang eines der Ghats. Dort tunkt er seinen Finger in ein Pulver und drückt dem Besucher einen roten Punkt auf die Stirn und murmelt «Hare, hare, hare!». Das kostet zehn Rupien. Anschließend streift er dem Neuankömmling ein aus Blumen geflochtenes Band übers Handgelenk und fragt in dem typischen, abgehackten Pidginenglisch: «You have mother?»

Der Besucher nickt.

«You have father?»

Ja.

«You have brother?»

«Yes.»

«You have sister?»

«No.»

«You have grandmother?»

«Yes.»

«Hare, hare brother, hare, hare mother, hare, hare father, hare, hare grandmother», murmelt der Inder.

Dann deutet er auf seine offene Hand und sagt: «Brother ten rupees, mother ten rupees, father ten rupees, grandmother five rupees. Altogether 35 rupees!»

Der Reisende darf nun, nachdem er sich den Segen für seine Familie erkauft hat, die Treppen zum heiligen See hinabsteigen. Nach einigen Tagen erst wird ihm klar, dass er dies wahrscheinlich auch ohne die Segnungen des heiligen Mannes hätte tun können, der vielleicht gar nicht so heilig war, sondern ein ganz normaler Inder, der Geld mit Touristen verdienen will.

In Pushkar leben etwa 15 000 Menschen. Pushkar ist heilig, weil der See durch eine Träne des Gottes Brahma entstanden ist. Pushkar ist nicht ganz so heilig wie Varanasi am Ganges (wenn man sich dort wäscht, entkommt man dem Kreislauf der Wiedergeburten), aber doch immerhin so heilig, dass stets, wenn man tagsüber auf den See blickt, ein paar Inder darin baden. Manche von ihnen sind Sadhus. Sadhus sind Bettelmönche. Sie haben jeglichem Besitz entsagt, besitzen weder Geld noch eine Behausung, noch sonst irgendetwas. Alles, was ihnen gehört, führen sie in einer kleinen Tasche bei sich. Sadhus erkennt man sofort: Sie sehen aus wie ein Hybrid aus Bob Marley und Mahatma Gandhi. Oft tragen sie nichts außer einem Lendenschurz und haben meterlange Dreadlocks, die sie zu einem Turm aufeinandertürmen und verknoten, was wiederum an die Frisur von Marge Simpson erinnert. Manche malen sich mit Farbe an, andere mit Asche. Fast alle kiffen. Sie rauchen nicht ab und zu einen Feierabendjoint, sondern sind permanent stoned. Ständig ziehen sie an einem Chillum, einer Art Pfeife, die sie mit beiden Händen umklammern. Sie tun das aus religiösen Gründen, weil sie so leichter in einen meditativen Zustand gelangen. Marihuana ist in Indien offiziell verboten. Die Sadhus aber haben eine Sondergenehmigung, weil das Rauchen von Ganja Teil ihrer Religion ist. Sadhus füllen ihr Leben mit sehr eigenartigen Aufgaben: Es kursieren Fotos von Mönchen, die seit Jahrzehnten einen Arm ausgestreckt nach oben halten. Die Arme sehen mittlerweile aus wie Äste von Bäumen, und die Fingernägel sind zu kleinen Spiralen gewachsen. Manche Sadhus leben jahrelang auf einem Baum, andere essen Leichen.

In Pushkar gibt es sehr viele Sadhus. Sie sitzen an den Ghats oder an irgendwelchen Straßenecken, kiffen, grinsen, beten und tun nichts. Sadhus, könnte man sagen, sind die Antipoden des westlichen Lebensmodells. Sie arbeiten nicht und tun auch sonst nichts, was man in der westlichen Hemisphäre gemeinhin unter einer «sinnvollen Tätigkeit» versteht. Sie haben keinen Besitz, keine Frau, keinen Sex, keine Kinder, keine Kleidung, keine Statussymbole, und sie waschen sich selten bis gar nicht.

Die andere Hälfte der Besucher Pushkars stellen Hippies und Backpacker. Sie tragen bunte, wallende Gewänder; manche von ihnen einen indischen Sari. Die meisten haben Dreadlocks, die sie wiederum mit bunten Tüchern irgendwie zusammenhalten. Es ist leicht, sich über die Ethnobackpacker lustig zu machen. Aber es ist schwierig, nach einem mehrtägigen Aufenthalt in Pushkar nicht auszusehen wie sie. Infolge der Begrüßungszeremonie, für die man einige Rupien bezahlt hat, trägt man bereits einen roten Punkt auf der Stirn und ein hippieskes Blumenband um den Arm. Da Pushkar nahe der Wüste liegt, ist es hier sehr heiß, und so kauft man sich für zwei Euro ein leichtes Baumwollhemd in Sackform. Weil es nachts schnell abkühlt, erwirbt man außerdem einen bunten, sehr breiten Schal und eine Pluderhose, deren Hosenbeine auf Kniehöhe ineinander übergehen. Nach spätestens drei Tagen sieht man aus wie ein Ethnofreak, obwohl man genau das eben vermeiden wollte.

Auf Backpacker übt Pushkar eine große Faszination aus. Schon in den Hostels von Neu-Delhi, Agra oder Udaipur trifft man Indienreisende, die einem in quasireligiöser Verzückung von dieser Stadt berichten. Sie sagen: «Du musst, du *musst* nach Pushkar fahren! Es ist der schönste Ort Indiens. Pushkar ist magisch, es ist ein heiliger Ort! Man spürt die Energie überall!»

Trifft man später jemanden in China, Mexiko oder Hildesheim und stellt sich heraus, dass beide Personen einmal, sei es vor zwei Monaten oder 20 Jahren, in dieser Stadt waren, so kommt es zu spontanen Verbrüderungsszenen. «*Nein!* Du warst auch dort? Vor fünf Jahren? O Gott, ich auch! Was für ein Zufall! Wir müssen Freunde werden!» Beide Personen fühlen sich schlagartig durch das Schicksal derart verbunden, als hätten sie den 9. November 1989 zufällig nebeneinander auf der Berliner Mauer verbracht.

Pushkar ist für viele Backpacker die Essenz Indiens, weil es so heilig ist, so exotisch, so märchenhaft und weil sie dort nicht ganz so oft von verkrüppelten und blinden Kindern angebettelt werden wie in Mumbai oder Kalkutta. Die Stadt ist klein genug, um sie in einer Stunde zu Fuß durchqueren zu können, und man tritt in den engen Gassen der Altstadt immer wieder auf Kamele und Esel. Viele Reisende bleiben wesentlich länger in Pushkar, als sie anfangs geplant haben.

Boaz zum Beispiel ist schon seit sechs Wochen hier. Er hat schulterlange Dreadlocks, ist dünn bis ausgemergelt und trägt ein weites blaues Gewand aus dünner Baumwolle. Er liegt auf der Terrasse unseres Hostels und schreit: «Lakshmi, Lakshmi!» Lakshmi ist der Kellner des Hostels, ein sympathischer, wenn auch für einen Kellner etwas arg vergesslicher junger Mann. Lakshmi vergisst im Schnitt ein Drittel der aufgegebenen Bestellung, was in Ordnung ist, sobald man sich einmal damit abgefunden hat. Nachdem Boaz mehrmals laut nach «Lakshmi» gerufen hat, erscheint dieser grinsend und nimmt die Bestellung entgegen: einen Bananenpfannkuchen, einen Chai-Tee und ein Wasser.

Das Lotus View Hostel liegt auf der anderen Seite des Sees, wo es wesentlich ruhiger ist als auf der Stadtseite. Boaz fläzt hier seit drei Wochen auf der Terrasse und blickt auf die im See badenden Pilger. Das hat zwei Gründe. Zum einen, sagt Boaz, sei «Pushkar der unglaublichste Ort, den ich je in meinem Leben gesehen habe». Der andere Grund ist: Boaz kann im Moment nicht gehen. Sein Fuß ist auf die doppelte Größe angeschwollen. Mehrere Gäste haben Boaz bereits nahegelegt, einen Arzt aufzusuchen.

Aber Boaz hasst Ärzte. Er sagt: «Ärzte machen Menschen krank.» Er ist der festen Überzeugung, sein Fuß werde sich von selbst regenerieren. «Schau dir die Sadhus an», sagt er auf Englisch mit hartem israelischem Akzent. «Die gehen nie zum Arzt. Sie beten, warten und rauchen Ganja. Und es geht ihnen gut.»

Boaz hat wie fast alle durch Indien reisenden Israelis vor ein paar Monaten seinen Militärdienst beendet, der dort drei Jahre dauert und nicht mit dem deutschen Wehr- und Stubendienst zu vergleichen ist. Die Israelis sagen, nach dieser Zeit müsse man unbedingt den Kopf freikriegen. Man müsse nach all der Scheiße, die man erlebt habe, die «Festplatte neu formatieren». Deswegen reisen sie alle mit ihrem Entlassungsgeld durch die Welt. Die Kulturbeflissenen und Individualisten fahren nach Mittel- und Südamerika, lernen Spanisch und sehen sich die Pyramiden und Tempel der Inkas, Mayas und Azteken an. Die Partyfixierten fliegen nach Südostasien, um sich biertrinkend in einem alten Lkw-Reifen den Mekong hinuntertreiben zu lassen. Und die Druffis, Freaks und Hippies verschlägt es eben nach Indien.

Lakshmi bringt den Chai und den Bananenpfannkuchen; das

Wasser hat er vergessen. Er grinst und wackelt mit dem Kopf, als er verspricht, es sofort nachzuliefern.

Ein anderer Gast des Hostels ist Elaine aus England. Sie trägt eine hellgrüne Pluderhose, einen drei Meter breiten Schal und diverse Arm- und Fußreifen. Die Haut ihrer Arme ist mit Tattoos übersät, darunter ein riesiges Om-Zeichen auf dem Handballen. Sie spielt die meiste Zeit des Tages mit einem fluoreszierenden Ball herum, den sie immer wieder über ihre Oberarme und Schultern rollen lässt und ihn mit den Händen auffängt, um ihn für ein paar Sekunden auf dem Kopf zu balancieren. Elaine spricht stets mit sanfter Stimme. Sie redet viel über Shiva, die Kundalini-Schlange und das Aufplatzen des Hinterkopfs beim plötzlichen Austritt kosmischer Energie. Dann lässt sie wieder den Ball über ihre tätowierten Schultern rollen oder vollführt einen halbwegs elegant aussehenden Sprung. Es sieht aus wie eine Karateübung. Wenn Elaine nicht mit dem Ball spielt oder über Energie redet, lächelt sie wissend. Ganz so, als hätte sie etwas ganz Besonderes in sich entdeckt. Irgendwo da drinnen.

«Jeder Mensch», sagt Elaine, «hat eine individuelle Traumzeit.»

Boaz stopft ein Stück Bananenpfannkuchen in sich hinein und fragt schmatzend, was das denn sein solle, eine «Traumzeit».

Elaine lächelt.

«Bedeuten Träume überhaupt etwas?», will Boaz weiter wissen. «Oder träumt man einfach irgendeinen Scheiß? Ich habe heute von einem Skorpion geträumt, der mich in den Fuß gestochen hat. Kannst du mir sagen, was das bedeutet?»

Elaine spielt jetzt wieder mit dem Ball. Ohne Boaz anzuschauen, antwortet sie: «Ich kenne dich nicht gut genug, um dir zu sagen, was dein Traum bedeutet. Aber ich habe heute geträumt, dass ich einen ‹cosmic day› haben werde!»

Shiva, erzählt Elaine, habe ihr ein Geschenk gemacht. Sie

habe nämlich im Ort eine Apotheke für Veterinärmedizin entdeckt. Dort habe sie den arglosen Inder nach Ketamin gefragt. Ursprünglich war das ein Pferdebetäubungsmittel, das sich mittlerweile großer Beliebtheit in der Clubszene Europas erfreut. Der Inder habe sie mit großen Augen angestarrt und es ihr für 80 Rupien verkauft.

Pushkar boomt. Weil immer mehr Pilger, vor allem aber immer mehr Backpacker und Hippies hierherkommen, werden immer mehr Hostels gebaut. Vor allem am Südrand des Ortes, wo früher Wald war. Im Wald lebten Affen. Die Affen sehen nicht ein, weshalb jetzt Menschen da leben, wo sie einmal lebten.

Affen, sagt Lakshmi, sind die größte Gefahr in Pushkar.

«Affen sind heilig», erwidert Elaine. «Hanuman ist der Gott der Affen!»

«Aber wenn die Affen angreifen, hast du ein Problem», sagt Lakshmi, «auch wenn sie heilig sind.»

Lakshmi hasst Affen, was keiner der Anwesenden, weder Elaine, Boaz noch ich, nachvollziehen kann. Im *Lonely Planet* steht, dass die Hindus glauben, der Gott Hanuman verkörpere sich in den Hanuman-Languren, einer in Nordindien heimischen Affenart. Hanuman-Languren sind schlank, haben ein graues Fell und ein schwarzes Gesicht.

Am Abend kommen sie. Es ist ein organisierter Angriff. Er beginnt mit einem Wackeln der Wipfel über dem Lotus View. Die Tiere brüllen, der erste Affe klettert von seinem Baum herunter, springt herum, kreischt und fletscht seine Zähne. Er ist etwa halb so groß wie ein ausgewachsener Mensch, grau und verfügt für ein Tier, das man bisher eher unter «possierlich» verbucht hat, über ein imposantes Gebiss. Der Affe wirft einen kleinen Kaffeetisch um und schleudert das Schachbrett über die Terrasse. Drei weitere Affen folgen. Boaz greift nach seiner Krücke und versucht, mit seinem angeschwollenen Fuß Richtung Zimmer zu humpeln. Ein Affe leert eine Zuckerdose aus und versucht, ihren auf dem Boden verstreuten Inhalt aufzulecken. Elaine steht wie versteinert in der Mitte der Plattform und hält ihren fluoreszierenden Ball fest in der Hand.

Mittlerweile ist ein gutes Dutzend Affen von den Bäumen herabgesprungen. Sie toben herum, greifen nach allem, was greifbar ist, und werfen es durch die Luft – eine Horde Hooligans. Boaz stolpert, fällt hin, versucht sich wiederaufzuraffen. Lakshmi rennt mit einem Besenstiel auf die Terrasse und lässt ihn in weiten Bewegungen um sich kreisen, in der Hoffnung, den einen oder anderen Affen zu erwischen. Ich will meine Tasche näher an mich ziehen, doch am anderen Ende zerrt schon ein Affe.

Wir sehen uns in die Augen. Wir sind genetisch eng verwandt. Es gibt nur kleine Unterschiede: Er hat ein Fell, ich keines. Ich habe zwei Hände und zwei Füße. Er hat vier Gliedmaßen, die er mal als Hand, mal als Fuß gebrauchen kann. Er kann klettern, ich nicht. Er ist muskulös, ich eher weniger. Mein einziger Vorteil: Mein IQ ist etwa dreimal so hoch wie seiner. Nur nützt mir das in diesem Moment nichts. Mit viel Glück oder einer Waffe habe ich eine kleine Chance gegen ihn und komme mit einem Biss davon, er mit einer Beule. Vielleicht denkt der Affe in diesem Moment etwas Ähnliches, vielleicht erkennt er in mir einen engen Verwandten seiner Art, vielleicht merkt er, dass er dieses Duell zwar gewinnen könnte, aber dafür anschließend von Lakshmi einen Stockhieb verpasst bekäme. Der Kellner nämlich steht ebenso laut brüllend wie die Affen neben mir und schlägt auf die Tiere ein. Der Affe und ich sehen uns noch immer tief in die Augen. Dann lässt er meine Tasche los und haut ab. Und mit ihm die ganze Affenhorde. Innerhalb von Sekunden springt eines der Tiere nach dem anderen aufs Dach zurück und verschwindet von dort aus in den Baumwipfeln. So schnell, wie die Attacke begonnen hat, so rasch ist sie wieder vorbei.

Lakshmi lässt den Besenstiel sinken. Boaz liegt neben seiner Krücke auf dem kleinen Weg, der zu den Zimmern führt. Elaine steht noch immer in derselben Position da, die sie vor der Attacke eingenommen hatte. Sie sieht aus wie eine griechische Statue. Die Terrasse ist verwüstet: Zwei der Sitzkissen schwimmen im heiligen See, eines hängt an einem Ast, der Rest ist über die Steinplatten verstreut. Pflanzenreste und abgebrochene Äste, die metallenen Zuckerdosen, Aschenbecher, das Schachspiel, Chai-Tassen, Teller, Besteck, zerfetzte Bücher liegen wie nach einer Bombenexplosion herum.

«Wow», sagt Boaz. «Sieht aus wie nach einem Attentat in Tel Aviv.»

«Hanuman hat mir im Traum erzählt, dass das passieren würde», sagt Elaine und lässt den Ball wieder über ihre Haut rollen. «Als ich ein Kind war, hatte ich einen Plüschaffen. Heute Nacht habe ich von ihm geträumt. Er hat sich in einen grünen Energieball verwandelt.»

Lakshmi beginnt grummelnd mit den Aufräumarbeiten.

«Lakshmi», ruft Elaine. «Das war Hanuman, der Bezwinger der Dämonen. Ich habe seine Kraft ganz deutlich gespürt!»

«Ja», sagt Lakshmi resigniert. «Ich auch. Lakshmi muss jetzt aufräumen.»

Am nächsten Morgen liegt Boaz wieder auf einem Sitzkissen und raucht. Die Terrasse sieht wieder genauso aus wie vor der Hanuman-Attacke, nur zwei Zuckerdosen und das Schachbrett fehlen. Ein Amerikaner ist angekommen; er hat die letzten Wochen in einem Ashram verbracht, um Yoga zu lehren. Jim macht gerade einen Kopfstand, als er sich vorstellt. Er sagt, sein ganzes Leben habe sich komplett verändert, seitdem er Yoga gelernt habe.

«Ich war auf dem falschen Weg», meint er, während er den

«Hund» macht. «Ich habe in den USA Zapfanlagen für Bier verkauft, und ich sage dir: Die USA sind ein kaputtes Land. Alles, wirklich alles, dreht sich um Konsum, um materielle Dinge. Das Land hat seine spirituelle Dimension verloren. Indien ist ein materiell armes Land, aber spirituell ein sehr reiches.»

Wenn Jim keine Asanas macht, liest er *Siddhartha* von Herman Hesse. Ab und zu zitiert er eine Stelle aus dem Buch, ohne die anderen Anwesenden zu fragen, ob sie es hören wollen.

Boaz stimmt ihm zu. Seitdem er so viel kiffe wie die Sadhus, sei er viel entspannter. Er vertraue jetzt ganz auf die Selbstheilungskräfte seines Körpers, weswegen er auf gar keinen Fall zu einem Arzt gehen werde. Sein Fuß ist noch dicker als vor zwei Tagen.

Jim macht jetzt den «Pflug». Er liegt auf dem Rücken und hat seine Beine weit über den Kopf nach hinten geklappt. «Ja, die Sadhus! Noch nie habe ich derart spirituelle Menschen getroffen. So spirituell!»

Alles in Pushkar ist spirituell und voller Energie. Man kann sich der Atmosphäre nicht entziehen. Morgens und abends spiegelt sich das Rot und Rosa und Orange der Sonne auf dem Wasser. Auf der anderen Seite des Sees leuchten die weißen Häuser geradezu mystisch. Eine Gruppe von Pilgern badet im See. Von der Wüste her weht ein warmer Wind übers Wasser. Es riecht nach Blumen, Gewürzen und Mangos. Alles, die eigenen Wünsche, Erwartungen, Ziele und Begierden, wird irgendwie weich. Auch wer keinen Sinn für Esoterik hat, verspürt nach einigen Tagen an diesem Ort eine seltsame Ruhe, die von innen heraus zu tiefer Zufriedenheit führt. Ob man Pushkar wirklich für einen heiligen Ort hält oder nicht, an keinem geht die märchenhafte Stimmung spurlos vorüber. Pushkar saugt den Reisenden auf, drückt ihm einen roten Punkt auf die Stirn und macht ihm zum Instant-Inder.

Am nächsten Tag treffe ich zwei Sadhus, die am Ufer des Sees sitzen. Sie sind klein und dünn. Sie tragen rote Pluderhosen, um ihre Hälse hängen Ketten mit roten Steinen. Ihr Oberkörper ist nackt. Ihre meterlangen Dreadlocks haben sie zu einem großen Knoten auf dem Kopf zusammengebunden. Einem von beiden fehlen zwei Schneidezähne. Beide schauen sie entrückt auf den See. Neben ihnen kauert ein Inder, der es Backpackern gegen ein geringes Entgelt ermöglicht, mit zwei echten Sadhus zu sprechen. Beide haben ihre Familien im Alter von 12 und 13 Jahren verlassen, sich einer Sadhu-Bruderschaft angeschlossen und ihre Familienangehörigen nie wiedergesehen. Sie wandern seit 30 Jahren durch Indien und betteln. Sie behaupten, nichts zu besitzen als den Inhalt eines kleinen Beutels, den jeder von beiden an einem Lederband bei sich trägt. Darin befinden sich nützliche Dinge wie ein Bindfaden und kleine Wurzelstücke, die angeblich gegen Malaria, rote Augen und Schlangenbisse helfen. Außerdem sind darin viele kleine bunte Steine, die sicher auch für oder gegen etwas gut sind. Als einer der zahlreichen Straßenköter von Pushkar vorbeischaut, geben sie ihm ein Stück von ihrem Brot ab. «Weil wir alle Kinder Gottes sind», sagen sie. Kinder Shivas, des Gottes der Zerstörung, der jedoch nicht böse sei, sondern nur dann zerstöre, wenn man ihn stört.

Einer der beiden Sadhus nimmt sein Chillum, füllt es mit Gras und Haschisch und zündet es an. Er zieht daran, indem er es zwischen die Knöchel des Zeige- und Mittelfingers klemmt und seine Hände zu einer Schale formt. Eine Rauchsäule steigt in den Himmel. Seine Augen sind jetzt noch röter als zuvor, sein Lächeln verliert an Fröhlichkeit und gleitet ein wenig ins Idiotische ab.

«Sie tun das wegen ihres Karmas», sagt der Übersetzer in gebrochenem Englisch. «Sie hoffen, in ihrem nächsten Leben eine bessere Person zu werden.»

Was das sei, eine bessere Person, will ich wissen.

Die Sadhus lächeln.

«Bankdirektor oder Anwalt», antworten sie.

Auf die Länge kommt es an

Ort: Zug, Indien

«*Spent time in*
1. Busses: 77 hours
2. Trains: 47 hours
3. Airports: 39 hours
4. Planes: 27 hours»
Laudi[15]

«Koffikoffikoffi», sagt der Inder und wuchtet einen Eimer voll Kaffee durch das auf 20 Grad heruntergekühlte Zugabteil.

Eine halbe Stunde lang sind nun Wellblechhütten und Müllberge an dem trüben, lange nicht mehr geputzten Fenster vorbeigezogen. Ab und zu sah man Kinder und Frauen in den Müllbergen nach etwas suchen. Dann verließ der Zug die Ausläufer der Stadt. Ich schlief für ein paar Stunden ein.

Das Bild draußen hat sich verändert: Statt Müll rauschen jetzt dampfende Reisfelder an uns vorbei. Die Zugfahrt von Mumbai nach Goa dauert 14 Stunden – so lange würde man für die Strecke von Frankfurt am Main nach Rom brauchen, wenn man denn so verrückt wäre, mit dem Zug zu fahren.

Jan hat wirre, blonde Locken und trägt eine orangefarbene Leinenhose und ein ärmelloses T-Shirt. Seine Augen strahlen, der Schweißfilm auf seinem Gesicht schimmert in der Morgensonne. Wir haben zwölf ruckelige, laute, schlecht riechende Stunden hinter uns. Der Geschmack in meinem Mund ist von Zigaretten, Chai und Kaugummi als Zahnputzersatz ganz schal. Jan spricht nicht viel. Die meiste Zeit blickt er zufrieden, geradezu entrückt, an die Decke des Abteils, lässt sich vom Zug durchrütteln und schweigt. Irgendwann sagt er: «48 Stunden, 48 Stunden!», und schüttelt lächelnd den Kopf, als könnte er selbst gar nicht fassen, was er da fertiggebracht hat. Er sagt das, als hätte er gerade den ersten Marathon seines Lebens gelaufen.

Echte Backpacker fliegen nicht. Sie legen Strecken über Land zurück. Wer fliegt, ist ein Weichei, ein reiches noch dazu. Nur Drei-Wochen-Touristen mit viel Geld und wenig Zeit leisten sich Inlandsflüge. Solche Reisende unterscheiden sich nur noch oberflächlich von den Rollkoffermenschen. Backpacker fahren. Was zählt, ist die Bewältigung der Distanz in einem möglichst unbequemen Gefährt. Ab zwölf Stunden wird die Fahrt für erzählenswert gehalten. Ab 24 Stunden wird sie zu einem abstrakten Orden, einer Auszeichnung, die – im richtigen Kreis erwähnt – zahlreiche «Oh my God»-Ausrufe seitens der Zuhörer provoziert und diese dazu einlädt, ebensolche Anekdoten zu erzählen. Dann folgen Geschichten aus dem Chicken-Bus, in dem jemand für 14 Stunden die Sitzbank mit einer Guatemaltekin und vier Hühnern teilen musste, beschallt von lateinamerikanischen Liedern, in denen verdammt oft das Wort «corazón» vorkommt. Oder von einem kambodschanischen Pick-up, auf dessen Ladefläche 20 Schweden, Engländer, Israelis und zwei Ziegen gepfercht wurden. Oder von chinesischen Zügen, in denen Bauern vom Land 16 Stunden lang auf den Boden spuckten, bis man sich Gummistiefel wünschte. Am besten aber sind Geschichten aus indischen Zügen.

Echte Backpacker wählen immer die billigste Variante, oft, weil sie tatsächlich sparen müssen. Genauso oft behaupten sie, dass sie «reisen möchten, wie die Einheimischen reisen». Ich glaube, es gibt noch einen anderen Grund: Wer länger als drei Monate sein Leben hinter sich lässt, um in anderen Ländern für sehr wenig Geld nichts zu tun, muss erst mal aus diesem Esel-Karotte-System aussteigen. Wir sind es gewohnt, uns anzustrengen, wenn wir etwas erreichen wollen. Wir müssen lernen, um die Klausur zu bestehen, arbeiten, um Geld zu sparen, freundlich sein, um ficken zu können. Dieses «Streng dich an, wenn du was willst»-System haben wir implementiert. Es ist fest in uns verankert. Wer glaubt, von heute auf morgen aussteigen zu können, irrt. Aussteigen ist harte Arbeit – wobei das natürlich auch wieder nicht stimmt, denn es geht ja gerade darum, loszulassen und sich eben nicht anzustrengen. Es ist also wie der Zen-Buddhismus – irgendwie paradox.

Drei Wochen genügen nicht, um aus diesem Belohnungssystem auszusteigen. Drei-Wochen-Urlauber pressen deswegen so viel wie möglich in ihre Zeit, besuchen 28 buddhistische Tempel, zwei Nationalparks und die Museen der Hauptstadt, um am Ende noch kurz zwei Tage am Strand zu entspannen. Sie machen eine Been-there-done-that-Reise im Schnelldurchlauf, in der Illusion, die wenige Zeit aufwerten zu können, indem sie einfach mehr hineinquetschen. Und sie buchen Inlandsflüge von Delhi nach Mumbai, um wenigstens noch schnell die Tempel von Hampi zu sehen. Genau dadurch stellt sich der gegenteilige Effekt ein. Alles geht weiter wie daheim: effizient sein, Zeit sparen, Zeit nutzen, Stress haben, Herzinfarkt kriegen, Rente, Tod.

An der inneren Einstellung ändert eine solche Reise nichts, dafür ist sie zu kurz. Erst wer länger als zwei Monate unterwegs ist, spürt in sich langsam eine Veränderung. Nach und nach läuft der Effizienz- und Optimierungswahn ins Leere. Er tastet, will etwas greifen, etwas tun, doch da ist nichts. Alles ist schon da: Die Kokosnüsse fallen vom Himmel, ohne dass man dafür etwas tun muss. Das Geld kommt aus dem Automaten, ohne dass man dafür arbeiten muss. Die Sonne scheint jeden Tag, der Druck, wie daheim das schöne Wetter zu nutzen, schwindet. Man gewöhnt sich daran, langsamer zu gehen. Die Mädchen lächeln, ohne dass man dafür besonders kreativ oder charmant sein muss.

Manchen Backpackern gelingt es, sich diesem Zustand bedingungslos hinzugeben. Es sind dies die Menschen, die man an Orten wie Zipolite, Dali oder irgendwo in Indien trifft und die einem erzählen, sie seien hier schon seit vier Monaten. Man wundert sich, denn der normale Reisende hält es an einem schönen, aber doch reizarmen Ort wie einer thailändischen Insel eben nur so lange aus, bis all seine Bücher ausgelesen sind. Dann setzt der Inselkoller ein. Etwas will getan und unter Anstrengung erledigt werden. Diese Menschen hier aber tun gar nichts. Und sie wirken glücklich und zufrieden, als hätten sie endlich den Ort und den Zustand gefunden, nach denen sie ihr Leben lang gesucht haben. Es mag ein nicht besonders nachhaltiger Lebensentwurf sein, aber es steht uns nicht an, darüber zu richten. Sie sind glücklich mit einem Bambusbungalow, Zigaretten, Gras, einem Bananenpfannkuchen und einem Thai Curry am Tag.

Die allermeisten Reisenden aber erreichen diesen Zustand nur vorübergehend oder überhaupt nicht. Der innere Drang, irgendetwas zu tun, will nicht weggehen. Es muss erst etwas Anstrengendes erledigt werden, bevor das große Abhängen beginnen kann. Bergsteigen ist die einfachste Möglichkeit, dieses Gefühl mit einer Leerlaufhandlung herzustellen. Es ist sinnlos, einen Berg zu besteigen, bloß weil er ein Berg ist. Der Aufwand (sich vier Stunden lang zu quälen) steht in keinem Verhältnis zum Ertrag (einmal von oben herunterzuschauen). Wesentlich sinnvoller ist es, im Tal zu bleiben und Bier zu trinken. Aber so funktionieren die meisten Menschen nun mal nicht – sie brauchen das Gefühl, sich etwas verdient zu haben. Nach dieser Rechnung wiegen 36 Stunden auf einem ungepolsterten Sitz zwei Wochen

Abhängen und Kiffen in einer Hängematte am Strand auf und führen zu einem Ich-kann-mir-das-gönnen-Gefühl. Erst die Strapazen der Fahrt vermitteln dem Reisenden das Gefühl, an einem besonderen, exklusiven Ort zu sein.

In Thailand, dem Modellland des Backpackings, hat man diesen Gratifikationseffekt mittlerweile institutionalisiert. Auf der Khaosan Road in Bangkok gibt es All-inclusive-Tickets auf eine der Inseln im thailändischen Golf: Zwölf Stunden Fahrt im Nachtbus oder -zug, anschließendes Verladen des schlecht-gelaunten, verschlafenen Packs auf eine Fähre, auf der bei starkem Seegang dann alle zusammen kotzen. Nach dieser 20-stündigen Tortur ist jeder Strand ein verdientes Paradies.

In Indien sind die Wege eigentlich immer so lang, dass man einfach nicht um solche Horrorfahrten herumkommt.

«Kolldringskolldringskolldrings», sagt der Inder und zerrt einen Eimer voller Cola- und Wasserflaschen durch das Abteil.

Neben uns sitzt ein junges schwedisches Elternpaar mit einem blonden Kind. Das Kind ist etwa drei Jahre alt. Es schreit, seitdem der Zug Mumbai verlassen hat. Die Mutter des Kindes hat tiefe, dunkle Ringe unter den Augen. Der Vater des Kindes redet viel. Eigentlich redet er ununterbrochen. Über die Inder, das indische Zugsystem, die Kühe, die vielen Menschen, über das Reisen mit einem kleinen Kind. Ich sage nichts, der Inder sagt «Koffikoffikoffi», und Jan sagt immer wieder: «48 Stunden. Ich komme gerade aus Varanasi, ich fahre seit 48 Stunden Zug.»

So hat jeder von uns sein Mantra: der Inder das «Koffi»-Mantra, ich das Schweigemantra, der Schwede das Quasselmantra und Jan das «48-Stunden-Zugfahrt-Mantra».

Der Schwede erzählt, dass sie ihre Wohnung gekündigt und die letzten Monate in einem Wohnwagen gelebt haben, um Geld zu sparen. Er und seine Frau haben sich nun arbeitslos gemeldet und bekommen die nächsten sieben Monate Arbeitslosengeld vom schwedischen Staat. Diese sieben Monate wollen sie in Thailand und Indien verbringen.

«48 Stunden», sagt Jan. «Ich bin seit zwei Tagen unterwegs. Von Varanasi nach Goa.»

«Tomadosuuptomadosuuptomadosuup», verkündet der Inder nun und schleppt einen Eimer Tomatensuppe durch das Abteil. Draußen fliegt ein tropischer Dschungel an uns vorbei, im Zug aber tragen die Passagiere Jacken.

Der Schwede erzählt weiter, dass er noch drei Kinder von anderen Frauen hat. Die seien zwar in Schweden, doch sie würden ihn bald besuchen kommen, wenn er, seine Frau und das Kind wieder in Thailand seien. Aber zuerst werde er einen Ashram bei Puducherry im Süden Indiens besuchen. Nur dort, in diesem Ashram, meint der Schwede, könne er wirkliche Ruhe finden. Als Jugendlicher habe er kein Buch lesen können. Mit 15 aber habe ihn seine Mutter nach Indien zu ihrem Guru mitgenommen. Dort habe er sich zum ersten Mal in seinem Leben konzentrieren können und ein Buch gelesen.

Ich sage, dass ja alle Deutschen Schweden lieben, weil erstens von dort so viele gute Rockbands kommen, zweitens alle Deutschen ihre Möbel bei Ikea und ihre Kleidung bei H&M kaufen und drittens Schweden so ein gutes Sozialsystem besitzt.

«Kolldringskolldringskolldrings», sagt der Inder und zerrt einen Eimer voller Cola- und Wasserflaschen durch das Abteil.

Der Schwede erwidert, dass das alles furchtbar übertrieben sei. «Schweden», sagt er, «ist ein quasikommunistisches Land, in dem man gezwungen wird, seine Kinder in staatliche Kindergärten zu schicken!» Außerdem seien die Steuern unverschämt hoch. Die Steuern seien sogar so hoch, dass er es sich fast nicht mehr leisten könne, in einem Dritte-Welt-Land Urlaub zu machen. Dann wacht das Kind wieder auf und fängt an zu schreien.

Wir sind in Panaji, der Hauptstadt Goas, angekommen. Müde

schultern wir unsere Rucksäcke und verabschieden uns von der schwedischen Familie. Wir sehen nicht gut aus. Unsere Haut ist bleich, wir riechen streng nach Schweiß, Deo und irgendwelchen indischen Gewürzen. Alles klebt. Der Wunsch nach einer Dusche, einer Zahnbürste und einem Bett mit Ventilator wird zum alles bestimmenden Gedanken. Jan und ich fahren gen Norden weiter, nach Arambol.

Ich treffe Jan zwei Tage später am Strand wieder. Er baumelt wie ein Faultier in einer Hängematte und grinst etwas debil. Die Sonne versinkt im Arabischen Meer, es riecht nach Chicken Masala und nach nepalesischem Haschisch. Ich frage ihn, wie Varanasi gewesen sei und ob es sich lohne, dorthin zu fahren.

Er sagt: «48 Stunden.»

Nachtrag:

Es war im Zug von Kalkutta nach Delhi. Inder sind im Allgemeinen lustige und freundliche Menschen. Sie lachen oft, wackeln mit dem Kopf, wenn sie ja sagen wollen, und sprechen ein Englisch, das nach Kindergarten klingt. Sie neigen aber auch zu einer gewissen Distanzlosigkeit. Ich lag auf meiner Pritsche, den Vorhang bis zur Brust zugezogen. Der Inder stellte sich vor mein Bett und schaute. Er sah mich einfach an. Er sagte nicht hallo, er reichte mir nicht die Hand zum Gruß, er machte keine Geste, lächelte nicht und wackelte nicht mit dem Kopf – er starrte mich einfach nur an. Anfangs starrte ich zurück; ich hoffte, wenn ich ihn genauso anstarrte, würde es ihm vielleicht auffallen, dass so ein Anstarren ohne Voranmeldung nicht gerade zu den angenehmsten Kontakten mit der einheimischen Bevölkerung gehört, vor allem wenn man im Bett liegt und schlafen möchte. Kulturelle Unterschiede hin oder her – ich kann mir nicht vorstellen, dass es auf der Welt irgendein Volk gibt, bei dem penetrantes Anstarren ein Zeichen der Ehrerbietung ist.

Auf jeden Fall half es nichts. Der Inder starrte mich weiter unverwandt an.

Einige Minuten später kam ein anderer Inder vorbei. Er sah seinen Landsmann irgendetwas anstarren. Er wurde ebenfalls neugierig, was es denn dort wohl zu sehen gäbe. Er stellte sich dazu und sagte ebenfalls nichts. Jetzt standen zwei Inder vor meinem Bett und starrten mich an. Wenn zwei Inder irgendwo zusammenstehen und etwas anschauen, sind sich alle vorbeikommenden Inder sicher: Dort muss irgendetwas Interessantes sein – vielleicht ein exotisches Tier, vielleicht eine nackte Frau, vielleicht gibt es auch etwas umsonst? In meinem Fall kann die Attraktion nicht so außergewöhnlich gewesen sein: Ich war immerhin keine Frau und verschenkte auch nichts. Aber in einem Bevölkerungspool von 1,2 Milliarden scheint es immer noch genug Menschen zu geben, die noch nie einen Weißen gesehen haben.

Zehn Minuten später stand eine Traube von zehn Indern um mein Bett herum und starrte mich an. Effektiv starrten nur drei Inder, die anderen versuchten herauszubekommen, was es denn da zum Starren gab. Erst als ein Schaffner vorbeikam, der die Gruppe verscheuchte, hatte es ein Ende. Irgendwann kam der schwitzende, stinkende und dampfende Zug in Delhi an. Nach 17 Stunden!

Ich musste das noch schnell loswerden.

Die Welle

Ort: Goa, Indien

«Wenn wir tanzen, erheben wir uns über unsere Gedanken,
unseren Geist und unsere Individualität, um eins zu werden
in der göttlichen Ekstase mit dem kosmischen Geist.»
Goa Gil in *Last Hippie Standing*

Jan und ich sind jetzt Nachbarn. Unsere wackligen Hütten aus Bambus und Sperrholz sind nur ein paar Meter voneinander entfernt. Auf meinem Balkon steht ein Plastikstuhl; wenn ich auf ihm sitze, sehe ich Jans Balkon und dahinter eine Girlande von bunten Glühbirnen, unter der ein Inder abends immer Fisch für die Gäste grillt. Außer Jan und mir sind nur Israelis hier. Die Israelis bleiben in Goa lieber unter sich. Tagsüber sitzt Jan auf seinem definitiv nicht erdbebensicheren Balkon und liest in einem Buch, von dem er mir immer wieder sagt, ich müsse es unbedingt auch mal lesen. Es heißt *Der Alchimist*. Abends sitzt er am Strand und meditiert. Morgens macht er Yoga.

Jan sagt, er habe vor drei Monaten mit dem Fleischessen aufgehört: «Fleisch ist nicht ‹shanti›, und Alkohol ist eine Droge, die mich in meiner spirituellen Entwicklung zurückwirft.»

Da die wenigsten Asiaten das Konzept eines vegetarischen Lebens nachvollziehen können, ist es in den meisten Ländern nicht so leicht, ein Gericht ohne Fleisch zu bekommen. Indien aber ist anders. Die meisten Inder essen so selten Fleisch, wie sie Alkohol trinken. Nicht zuletzt deswegen übt das Land auf viele Esoteriker einen so großen Reiz aus: Fleischgenuss verhält sich zum Veganertum wie Saufen zum Kiffen – das eine ist grob, körperlich, wollüstig, das andere, feinstofflich, spirituell, versponnen.

Wenn er nicht gerade kifft, raucht Jan eine Schachtel Zigaretten am Tag und isst einmal im Monat Pilze. «Ist das einzige Zeug, was mich spirituell noch weiterbringt», hat er gesagt.

Ich glaube, Jan hatte Drogenprobleme, bevor er die Schweiz verließ. Jedenfalls spricht er über Drogen, deren Namen die meisten Leute noch nie gehört haben, wie über gute alte Freunde, denen man sich leider entfremdet hat. Die Kette mit dem indianischen Traumfängerdings baumelt an seinem Hals. In Dharamsala, im Norden Indiens, hat er sich ein Dreieck mit einem Strich auf die Stirn tätowieren lassen. Es ist keine kunstvolle Tätowierung, ja nicht einmal eine richtige Zeichnung. Es handelt sich nur um vier Striche. Es sieht aus, als hätte er es sich selbst vor dem Spiegel mit einem Kugelschreiber auf die Stirn gemalt. Aber es ist ein echtes Tattoo.

Jan sagt: «Dies ist mein Zeichen, es ist mir erschienen, deswegen muss ich es jetzt tragen.»

Am Strand von Arambol in Goa ist das nicht weiter schlimm, weil jeder entweder eine komische Frisur, eine Tätowierung im Gesicht oder sehr schlechte Zähne hat. Weiter hinten im Dschungel lebt sogar ein Holländer auf einem Baum. Man denkt sich höchstens: Was macht Jan mit diesem Ding auf der Stirn, wenn er wieder in der Schweiz ist?

Jan meditiert dreimal täglich. Am liebsten kurz vor Sonnenuntergang. Er setzt sich dann im Halblotussitz (den richtigen Lotussitz mit den doppelt verhakten Beinen schafft er noch nicht, wie er sagt) in den Sand mit dem Gesicht zur Brandung. Er legt eine Hand in die andere und schließt die Augen. Er sitzt wirklich lange so da. Meistens ist die Sonne schon untergegangen, wenn er wieder aufhört. Es sieht eigentlich sehr malerisch aus, wie er so buddhamäßig dasitzt, während der Himmel über ihm erst orange, dann rosa und schließlich lila wird und die Gischt immer unwirklicher leuchtet.

Trotz all seiner Entspannungsübungen machte er einen überspannten Eindruck. Es ist nämlich so, dass Jan schlagartig extrem übellaunig wird, wenn ihn irgendetwas von seiner Abendmeditation abhält – zum Beispiel ein bestelltes, aber vom Kellner vergessenes Essen oder eine Inderin, die Saris verkaufen will. Hinzu kommt, dass Jan einen Missionierungsdrang hat. «Jeder sollte meditieren», sagt er. «Auch du!» Damit meint er mich.

Ich setze mich mit Jan also bei Sonnenuntergang vor die Brandung. Er zerrt seinen linken Knöchel auf seinen rechten Oberschenkel. Es sieht grob aus. Ich soll es auch probieren. Es geht nicht.

«Mach dich locker», schreit Jan. «Du kannst dich auch normal hinsetzen. Nicht jeder schafft am Anfang gleich den Lotussitz.»

Dann sagt er: «Konzentriere dich auf deinen Atem. Wenn du einatmest, denkst du daran, dass du einatmest. Wenn du ausatmest, denkst du daran, dass du ausatmest.»

Und sonst nichts?

«Wenn du etwas anderes denkst, denkst du: Okay, ich habe gerade an etwas anderes gedacht, und jetzt denke ich wieder ans Atmen. Bleib ganz ruhig, mach dir keinen Stress, wenn du etwas anderes gedacht hast.»

«Und dann?»

«Nix und dann. Du konzentrierst dich nur auf deinen Atem. Auf nichts anderes. Das entspannt. Du wirst sehen: Danach bist du ein anderer Mensch. Erst bei höheren Stufen kann man auch über so etwas wie ein Mantra meditieren. Anfänger machen die Atemmeditation. Ich habe schon ein Mantra.»

Wir schließen die Augen. Dann beginnt Jan zu singen:

«Eiheinatmehen – auhausahatmehen. Eiheinatmehen – auhaus-ahatmehen.»

Ich denke zuerst daran, dass ich einatme. Als ich ausatme, denke ich aber immer noch daran, dass ich einatme. Als mir das auffällt, denke ich an das Chicken Marsala in meinem Magen und was wohl gerade damit passiert und dass ich, seitdem ich hier bin, erst ein einziges Mal Durchfall hatte, was für Indien gar nicht so schlecht ist.

Ich höre Jan schnaufen. Er sagt: «Einatmen, ausatmen.» Er spricht die Wörter in einem leichten Singsang: «Eiheinatmehen – auhausahatmehen.»

Das Meer rauscht, ich denke jetzt an das Meer und was wohl für Viecher da drin sind. Und dann daran, dass ich mit fünf Jah-ren im Sommerurlaub an der Adria mal von einer Qualle gesto-chen wurde, was ebenso schmerzhaft wie eklig war. Ich denke an meine Exfreundin und daran, was die jetzt wohl so macht, und auch, dass der Belgier in der Hütte neben mir so laut schnarcht, dass letzte Nacht der Italiener aus seiner Hütte rübergekommen ist und den Belgier beschimpft hat.

«Eiheinatmehen – auhausahatmehen», sagt Jan.

Dass es die Belgier irgendwie immer abkriegen – Dutroux, beleuchtete Autobahnen, keine anständige Regierung, und dass der Belgier da drüben eigentlich nichts dafür kann, weil man ja nie ein Individuum dafür verantwortlichen machen kann, was seine Mitbürger so an Blödsinn machen. Als Deutscher hat man ja auch nicht gerade den besten Ruf, obwohl die Deutschen mitt-lerweile wieder sehr gemocht werden, von den Chinesen wegen der Autos und von manchen Moslems wegen Hitler … Irgend-wann kommt man immer auf Hitler. Hitler, Hitler. Das ist das Godwin'sche Gesetz: Irgendwann landet man immer bei Hitler.

«Eiheinatmehen – auhausahatmehen.»

Auf jeden Fall denke ich nicht mehr ans Einatmen und Ausatmen, das habe ich mittlerweile total vergessen. Dann werde ich nervös.

Eine Fliege sitzt auf meiner Nase.

Ich weiß nicht, ob ich Jan fragen soll, was man macht, wenn sich, während man meditiert, eine Fliege auf die Nase setzt. Soll man die Meditation unterbrechen und die Fliege verscheuchen? Muss man die Fliege ertragen und sich trotzdem auf seinen Atem konzentrieren? Ich entscheide mich für den Mittelweg und wackle mit der Nase. Die Fliege bleibt, wo sie ist. Indem ich meine Unterlippe nach vorn schiebe, versuche ich, Luft auf die Nase zu blasen, damit die Fliege wegfliegt. Sie rührt sich. Ich glaube zu spüren, wie sie ihre Beine bewegt, was noch mehr kitzelt.

«Eiheinatmehen – auhausahatmehen», singt Jan.

Ich schnaube, die Fliege fliegt weg. Ans Atmen habe ich jetzt schon so lange nicht mehr gedacht, dass es eh nichts mehr bringt. Jan zuliebe bleibe ich sitzen und lasse meine Augen geschlossen. Dann spüre ich etwas Feuchtes.

«Eiheinatmehen – auhausahatmehen», chantet Jan.

Vielleicht ist Flut, und das Wasser ist mittlerweile ganz nah. Das wäre theoretisch eine Möglichkeit, nur leider ist das Wasser warm und scheint aus einem dünnen Strahl zu kommen. Ich öffne die Augen. Das Erste, was ich sehe, ist die Brandung, und zwar genau dort, wo sie war, als ich die Augen geschlossen habe. Das zweite ist ein Hund. Genauer gesagt ein verlauster, staubiger Strandköter mit einer offenen Wunde hinter dem Ohr, der mich anpinkelt. Ich schreie, ich renne zum Wasser. Ich denke tatsächlich an nichts anderes als an Wasser in diesem Moment – und an den verfickten Köter. Als ich mich beruhigt habe, drehe ich mich um. Jan sitzt noch immer am derselben Stelle und meditiert. Er riecht nicht gut, und er hat eine Falte auf der Stirn.

Ich sage: «Vielleicht waren die Schwingungen heute nicht so gut, der Hund hat das irgendwie gespürt.»

Jan erwidert: «Ich werde das Drecksviech vergiften!»

Ich glaube mittlerweile auch, dass alles miteinander zusammenhängt. Die Tatsache, dass ich ausgerechnet Jan im Zug getroffen habe, war bestimmt kein Zufall. Ich glaube, es sollte so passieren. Man wird schneller zu einem Esoteriker, als man denkt. Wenn man mehr als drei Wochen am selben Strand absteigt und sich nur davor fürchtet, von einer herabfallenden Kokosnuss erschlagen zu werden, ist man ein williges Opfer. Da ist diese Leere im Kopf, die das Wenig- und Nichtstun erzeugt, die Gedanken hängen sich bereitwillig an jedem kleinen Haken auf, den sie zu greifen bekommen. Gleichzeitig baut das Gehirn ab und scheut sich vor nicht zwingend notwendigen Anstrengungen wie die Inder vor Rindfleisch. Es geht um Fragen wie: Bestelle ich mir noch einen Kokosnusssaft oder lieber einen Wassermelonenshake? Soll ich wirklich Siesta halten, oder kann ich dann heute Nacht nicht mehr schlafen? Soll ich der Hängematte noch einmal mit dem Fuß Schwung geben, oder passt das schon so? In so einer Umgebung ist man für Botschaften wie «Hör auf deine innere Stimme», «Alles, was passiert, ist vom Universum gewollt» oder «Jeder Mensch hat einen Engel, der ihn beschützt» aufgeschlossener, als wenn es regnet, der Wecker um 7.30 Uhr klingelt und die Haare des Mitbewohners den Abfluss verstopfen.

Will heißen: Nach drei Monaten Strand, alten Tempeln und Gesprächen über den Sinn des Lebens in einer Hängematte ist man zu einer leichten Beute geworden. Hinzu kommt, dass die meisten Backpacker auf dem Banana-Pancake-Pfad zu wandeln beginnen, wenn sie sich in einer Phase der vorübergehenden Orientierungslosigkeit befinden. Die ist entweder zwischen 18 und 24 altersbedingt oder wird durch kleinere Lebenskrisen wie den Abschluss des Studiums oder das Ende einer fünfjährigen Beziehung verursacht. Menschen, die also ohnehin auf der Suche nach Inspiration sind, stoßen dann in den sandigen Regalen eines Strandhostels auf die Bestseller der internationalen Esoterikliteratur – von *Die sieben geistigen Gesetze des Erfolgs* von Deepak Chopra über den Sinnfindungsklassiker *Siddhartha* von Hermann Hesse bis zum Vademekum aller depressiv Verstimmten, dem *Alchimisten* von Paulo Coelho. Darin stehen esoterische Durchhalteparolen und Marschbefehle wie «Erst die Möglichkeit, einen Traum zu verwirklichen, macht unser Leben lebenswert», die beim von Sonne, Nichtstun und Meer weichgespülten Backpacker Aha-Erlebnisse auslösen.

Meist lauert in unmittelbarer Nähe ein betont geheimnisvoll dreinschauender Typ, der wie eine Jukebox in zufälliger Reihenfolge Weisheiten von sich gibt. Er sitzt schon seit Monaten im Lotussitz am selben Strand. Oft trägt er Tattoos (von mystischer Bedeutung, die er aber nicht jedem erklärt), viel Schmuck und spielt mit Bällen. Wie eine Spinne wartet er auf seine Opfer und lockt sie mit einem Spruch in sein Netz: «Der Mondkalender der Maya ist unglaublich faszinierend, und außerdem» – er blickt geheimnisvoll – «hat noch kein Wissenschaftler herausgefunden, weshalb Angkor Wat untergegangen ist. Vielleicht waren es Aliens?» Um seinen Hals baumelt ein Amulett, das er von einem Guru in Indien geschenkt bekommen hat, und in der Hand hält er den *Alchimisten* von Paulo Coelho. Er deutet mit dem Zeigefinger darauf: «Lies das Buch und suche deinen Schatz», und irgendwann im Lauf des Gesprächs zitiert er auch den alten Klospruch: «Träume nicht dein Leben, sondern lebe deinen Traum.» Und schon ist man mittendrin in seinem Spinnennetz aus positiven Wellen, Energie und innerem Fluss.

Später sitze ich mit Jan am Strand und trinke Bier. Jan raucht Gras aus einem Chillum, das er im Himalaja einem Sadhu abgekauft hat. Wenn er nicht über Meditation, Yoga oder Schwingungen redet, ist er eigentlich ganz in Ordnung. Unsere Zehen wühlen in dem noch warmen Sand, das Meer plätschert sanft, und hin und wieder schleicht ein verlauster, sandiger Köter an uns vorbei.

Und dann sagt Jan plötzlich diesen Satz. Er sieht mich mit großen Augen an und sagt: «Eigentlich ist doch alles eine Welle.»

Eine Welle schwappte über den Sand. Dann noch eine. Und noch eine. Es geht immer so weiter. In einigen Metern Entfernung brutzelt ein Inder unter bunten Glühbirnen Red Snapper und Kakerlaken.

«Jedenfalls habe ich das in den letzten Monaten gelernt», fährt Jan fort. «Das ist meine tiefere Einsicht, die ich von dieser Reise mitgenommen habe.»

Eine Meute räudiger Strandköter läuft an uns vorbei, die alle zusammen eine Hündin jagen, um sie zu vergewaltigen. Jan hegt nun keine Mordabsichten mehr.

«Ich meine, Licht ist ja eine Welle», sagt er, «und Wasser auch, und Licht ist Energie, und alles ist in Bewegung, und alles ist eins, also wir, unser Bewusstsein und das Universum, mit dem Licht, das sagt ja auch die Quantenphysik, der Welle-Teilchen-Dualismus, und deswegen, weil immer alles fließen muss, wie das Tao bei den Chinesen, ist das doch alles eine Welle. Alles, verstehst du?»

Ich zögere, nehme noch einen Schluck Bier und versuche mich zu konzentrieren. Ich antworte: «Wir sind wie das Bier in der Flasche. Wenn uns niemand trinkt, kommen wir nicht heraus.»

Wieder schwappt eine Welle ans Ufer. Noch eine. Jan trinkt ebenfalls einen Schluck Bier. Er kneift die Augen zusammen und fixiert den Punkt am Horizont, an dem vor einer Stunde die Sonne verschwunden ist. «Mann, so habe ich das noch nie gesehen.»

Esoteriker trifft man fast immer an Stränden oder an Seen. Das hat mit den besonderen Schwingungen dieser Orte zu tun. Alles muss fließen. Wie der eigene Atem.

Not so lonely

Ort: Koh Phangan, Thailand

«*Wenn Frischverliebte zusammen Urlaub machen, wird's immer nur ein Trip von schön zu schön, weil sie ohnehin nur ineinander reisen, und Ficken ist daheim einfach billiger.*»
Helge Timmerberg[16]

«*Unsere Weltreise steht vor dem Abbruch, wir diskutieren schon, ob wir den Flug nach Südafrika verfallen lassen wollen oder von dort nach Deutschland zurückfliegen sollen. Wir vereinbaren eine Diskussions-/Streit-Pause. Lothar geht 'ne Runde spazieren.*»
Andrea und Lothar[17]

Als Alleinreisender auf Paare zu treffen ist furchtbar. In manche Länder braucht man gar nicht erst zu fahren, wenn man allein unterwegs ist. Vietnam zum Beispiel – das Land ist ein einziger Pärchenauflauf. Thailand – auch fast nicht bereisbar, die Strände sind voll von händchenhaltenden «Komm, Schatz, wir fahren dieses Jahr auch mal nach Thailand»-Idioten. Zu viele Pärchen gibt es auch in Ägypten, auf Bali und in Costa Rica. Paare wollen in Länder fahren, deren Entwicklungsstand ein bisschen höher ist, in denen es eine touristische Infrastruktur gibt und man auf jeden Fall ein Zimmer mit Bad und warmem Wasser hat. Wieder daheim, kann das Paar dann trotzdem erzählen, in einem Land mit einer «wahnsinnig faszinierenden Kultur» gewesen zu sein, und die zuhörenden Paare denken sich: «Boah, vielleicht sollten wir auch mal einfach mit dem Rucksack anderswohin fahren anstatt immer nur an den Gardasee.» Pärchen mit Rucksack sind meistens älter (30 plus) und berufstätig, weshalb sie mehr Geld und weniger Zeit haben. Viele wollen an die glorreichen Tage ihrer Jugend anknüpfen, in denen sie wenig Geld und viel Zeit hatten. Jetzt machen sie die Preise kaputt und wollen unter sich bleiben. Die Paare, die nicht unter sich bleiben wollen, haben meistens ein Problem. Sie langweilen sich miteinander oder suchen einen Verbündeten im Beziehungskampf oder, was seltener vorkommt, wollen einen Dreier ausprobieren, um ihr Sexleben wieder auf Vordermann zu bringen.

Um ästhetische Desaster handelt es sich bei den berüchtigten Goretex-Jacken-Pärchen, die sonst zusammen joggen, bergsteigen und klettern und jetzt eben in identischer Funktionskleidung zwei Monate durch die Mongolei radeln. Ihr Reiseblog heißt Ulf-und-Sabine-auf-Dschingis-Khans-Spuren.de oder Wir-sind-dann-mal-weg.blogspot.de. Wieder daheim, quälen sie ihre Mitmenschen mit Fotoabenden und aggressiv guter Laune. Man möchte diese Philemon-und-Baucis-Gespanne auf einen eigenen Planeten verbannen, auf dem sie debil grinsend in identischer Funktionskleidung gemeinsam Liegerad fahren können. Man möchte mit ihnen aber nicht den Strand oder das Hostel teilen und auch nicht mit ihnen auf einem Elefanten reiten.

Sind Pärchen nicht verliebt und laufen nicht händchenhaltend am Strand Richtung Sonnenuntergang, tendieren sie dazu, sich zu streiten. Es handelt sich dabei ebenfalls um Kommunikation, die für Außenstehende einen eher exklusiven Charakter hat. Man könnte sich seitenweise über Pärchen aufregen und jedem Alleinreisenden den Tipp geben, alle pärchenverseuchten Orte wie die Pest zu meiden. Aber in diesem Kapitel geht es eigentlich um das Gegenteil. Vier Jahre nachdem ich die Idee mit diesem Schiff hatte, bin ich nach Thailand geflogen – nicht alleine.

Es ist etwa 20 Uhr, als wir Bong Lassi trinken. Bong Lassi heißt eigentlich Bang Lassi und ist indisch, aber auf thailändischen Speisekarten steht statt Bami Goreng ja auch Bambi Goreng. Vielleicht sind solche Schreibfehler auch Absicht und von den Thais ausgetüftelt. Auf jeden Fall teilen wir uns das Glas, weil wir gehört haben, man solle bei «mushroom omelettes» und mit Marihuana versetzten Lebensmitteln vorsichtig sein. Regelmäßig rasten Backpacker aus, springen ins Meer und versuchen, nach Indonesien zu schwimmen. Anschließend spazieren wir am Strand entlang und warten auf die Wirkung. Der Strand ist fast leer. Vor einer Stunde wurden fast alle Backpacker des Strandes zusammengetrieben und mit Pick-ups nach Haad Rin gebracht. Heute ist «Half Moon Party».

Irgendwann in den Achtzigern feierte eine Gruppe Backpacker am Strand von Haad Rin auf Koh Phangan eine private Geburtstagsparty, weil von dort der Vollmond besonders gut zu sehen war und vom Nachbarstrand der Sonnenaufgang. Weil die Party ein solcher Erfolg war, beschloss man, das Ereignis regelmäßig bei Vollmond zu wiederholen. Mitte der Neunziger war die Full Moon Party zu einem Geheimtipp für Backpacker geworden. Anfang 2000 gab es dann die erste Halbmondparty. Heute veranstaltet man jeden Monat eine Full Moon Party, zwei Half Moon Partys, eine Black Moon Party, mehrere Shiva Moon Partys und außerdem noch Jungle Experience Partys. Zur Full Moon Party kommen bis zu 30 000 Leute. Sie tanzen zu Goa-Trance-Musik im Sand und in der Brandung. Dealer verkaufen nahezu alle interessanten Drogen an Backpacker, die wenig später von Polizisten durchsucht werden. Angeblich sprechen sich Dealer und Polizisten vorher ab. Die Party endet irgendwann

gegen Mittag des nächsten Tages. Man kann dann zwischen Bierflaschen, Unmengen von Müll und schlafenden Hunden Pärchen
entdecken, die in der Brandung Sex haben.

Auf jeden Fall sind wir nicht dorthin gefahren, sondern haben
stattdessen beschlossen, die Bang Lassi zu trinken. Nach zwei
Stunden ist immer noch nichts passiert. Sie sagt: «Ich glaube, es
wirkt nicht.»

«Vielleicht hätten wir sie uns nicht teilen sollen. Vielleicht
hätte jeder eine ganze allein trinken sollen.»

«Vielleicht wirkt es ja noch.»

Wir gehen eine Viertelstunde schweigend am Strand nebeneinanderher.

«Ich glaube, es wirkt nicht», sagt sie.

«Wahrscheinlich stand sie zu lange im Kühlschrank.»

«Sie hat auch nicht mehr so frisch geschmeckt.»

«Wenn es noch wirkt, dann müsste es jetzt dann bald wirken.»

«Ein bisschen was spüre ich», sagt sie. «Glaube ich.»

«Hm, ich glaube, ich spüre auch etwas.»

«Wirklich?», fragt sie.

«Nee, doch nicht.»

«Ich auch nicht.»

«Ich glaube, es wirkt nicht mehr.»

«Wahrscheinlich hast du recht.»

Wir gehen in unsere Hütte am Ende des Strandes, dort, wo
der Dschungel beginnt. Immer zum Wochenende kommen die
meisten Backpacker aus Bangkok auf die Insel. Wegen der Half
Moon Party sind alle Hütten am Strand ausgebucht. Es gibt nur
noch diese eine, etwa 200 Meter vom Strand entfernt. Sie liegt
auf einem Hügel. Ringsherum wachsen Palmen, Schlingpflanzen
und Bäume, die ich nicht kenne. Gleich dahinter beginnt der
Urwald. Tagsüber sieht das gut aus, nachts gibt der Urwald eine
Vielzahl von seltsamen, fremdartigen Geräuschen von sich, wes-

halb man sich ärgert, nicht zwei Tage früher oder später angereist zu sein. Außerdem haben wir kein Licht, und hier draußen ist es finster, als wären wir blind. Es ist unsere letzte Nacht. Morgen früh um elf Uhr verlässt eine Fähre die Insel und bringt uns aufs Festland; von dort aus nehmen wir den Zug nach Bangkok und von Bangkok das Flugzeug, das uns nach Hause bringen wird. Morgen geht alles zu Ende.

Kurz bevor ich einschlafe, denke ich noch daran, dass wir uns kein einziges Mal gestritten haben. Zu Hause streiten wir oft, aber seitdem wir in Bangkok angekommen sind, vor acht Wochen, hatten wir nicht die kleinste Meinungsverschiedenheit. Kein einziges Mal wollte einer von uns beiden in ein Restaurant, in das der andere nicht wollte. Sagte einer: «Lass uns morgen den Zug nach Chiang Mai nehmen», so war der andere einverstanden. Und wenn nicht, erwiderte er: «Lieber übermorgen», und der andere war einverstanden. Unsere Beziehung ist unwirklich harmonisch. Dann höre ich einen Affen durch den Urwald schreien.

Liebe leidet in den meisten Fällen unter zu viel Nähe. Liebe leidet unter Alltag, Stress und vollen Wäschekörben. Sie welkt langsam unter dem trüben deutschen Himmel, Faulheit und «Heute lieber nicht, Schatz»-Sätzen dahin. Ihr fehlen die elementaren Erlebnisse, die Menschen zusammenschweißen können – das, was die Soldaten «zusammen im Dreck liegen» nennen, die guten und vor allem die schlechten Zeiten. Daheim kann im besten Fall das gemeinsame Besäufnis diesen Zweck erfüllen. Aber das macht man ohnehin besser mit Kumpels als mit dem Partner. Ansonsten aber wetzt der Alltag beständig an der Beziehung, schleift und schleift, bis sie schließlich zerbricht.

Wer aber zu zweit 14 Stunden auf einem mit peruanischen Indios und Hühnern beladenen Pick-up verbringt, wer zusammen einen marokkanischen Polizisten bestechen muss und wer gemeinsam einer aggressiven Affenhorde auf der Suche nach

Essbarem gegenübersteht, wird sich später, in faderen Zeiten, an diese Erinnerungen klammern. Zwar gibt es Geschichten von Paaren, die erst im gemeinsamen Urlaub anfangen, sich richtig zu streiten, weil sie im Alltag mehr oder weniger bequem nebeneinanderher gelebt haben. Aber das sind Gammelurlaube, bei denen man nichts zusammen erlebt. Die Wahrheit ist: Wer sich auf Reisen streitet, hat ein ganz anderes Problem.

Auf Reisen währt ein Burgfriede zwischen den Geschlechtern. Gemeinsame Feinde in Form von Italienern, die jede Nacht bis drei Uhr am Strand grölen und dem Paar den Schlaf rauben, schweißen zusammen. Abgrenzung nach außen verstärkt den Zusammenhalt nach innen. Das ist für den, der allein reist, doof, nicht aber für das Paar. Das nämlich erlebt Flitterwochen und Abenteuerurlaub in einem. Ans Fremdgehen denkt man auch nicht, weil alle Menschen, mit denen man sich potenziell sexuellen Kontakt vorstellen könnte, spätestens nach drei Tagen wieder verschwunden sind. Beim nächsten Streit in der Heimat wissen beide insgeheim: An uns liegt es gar nicht. Es ist das Grau, der Beton, die Diplomarbeit, das Wetter, der Job und der ganze Mist. Die gemeinsamen Erinnerungen an die zwölfstündige Busfahrt über eine kambodschanische Buckelpiste, an den Geschmack einer süßen, reifen Maracuja, an den vietnamesischen Grenzbeamten, den man bei der Ausreise mit fünf Euro bestechen musste, sind ein Vorrat an guten Dingen, die eine Beziehung über schlechte Zeiten hinwegtragen können. Eigentlich gibt es für eine Beziehung gar nichts Besseres, als drei Monate mit dem Rucksack zusammen zu verreisen.

Stunden später wache ich auf. Es ist immer noch finster. Eigentlich ist es noch viel finsterer als zuvor. Ich sehe meine Hand nicht, obwohl ich sie ganz dicht vor meine Augen halte. Ich sehe nichts, aber ich höre den Affen schreien. Er ist verdammt nah an unserem Bungalow – seinem Gebrüll nach zu urteilen, kann er nicht weiter als 20 Meter von uns entfernt sein. Er klingt wie ein Monsteraffe, eine Bestie, die nichts anderes will, als Bungalows von Backpackern zu zerstören. Etwas stimmt nicht, meine Augen sind rot und schwer. In meinem Mund befindet sich nicht ein Tropfen Spucke. Ich vertrockne innerlich. Ich trinke den letzten Rest Wasser aus meiner Plastikflasche, doch er verschafft mir nur kurz Linderung. Mein Durst ist grenzenlos. Ich versuche, weiter-zuschlafen. Wieder brüllt der Affe, ein Windstoß fährt vom Meer in die Bäume, alles wankt und raschelt.

Stunden später erwachen wir, die Sonne scheint, Vögel ma-chen irgendwelche Geräusche. Sie liegt neben mir, ihre Augen sind noch geschlossen. Meine sind rot wie die eines Albinoka-ninchens, mein Mund trocken wie die Wüste, ich brauche mehr Wasser.

«Geht's dir auch so …»

«Komisch?», fragt sie, ohne ihre Augen zu öffnen.

«Jetzt wirkt es doch», sage ich.

Sie stöhnt und sagt, sie müsse kotzen allein bei dem Gedan-ken, heute mit einer Fähre vier Stunden über das Meer zu fahren. Später kotzt sie dann wirklich.

Die Welt wankt. Mit Mühe gelingt es mir, die Stufen zu neh-men, die von unserer Hütte auf den kleinen Trampelpfad führen. Ich muss zum Supermarkt, muss Wasser kaufen. Die Sonne blen-det, ich verstecke mich hinter meiner Sonnenbrille. Der Thai in dem kleinen Supermarkt … er grinst so verdammt komisch. Ich gebe ihm einen zerknitterten 20-Baht-Schein, er steckt ihn grin-send in seine Kasse und gibt mir zwei Münzen zurück. Irgend-etwas denkt er sich über mich, der Hundling. Als ob er etwas im Schild führte. Egal, ich muss raus jetzt, Wasser trinken. Es dauert lange, sehr lange, bis ich den Deckel der Flasche geöffnet habe. Das Wasser: so kühl, so gut, wie nur Wasser sein kann. Ich gehe den Weg zurück zu unserer Hütte. Sie liegt auf einem

Berg. Der Pfad, der dort hinaufführt, ist steil. Ich schwitze. Ich besteige einen Berg, einen Viertausender! Der Schweiß läuft mir über die Stirn, noch einen Schluck Wasser, dann weiter, immer weiter. Mein Weg, er ist unendlich lang. Stunden später erreiche ich mein Ziel. Sie sieht erschöpft aus, ich reiche ihr das Wasser.

Wir packen unsere Rucksäcke und verlassen die Hütte, den Dschungel und den Affen, der da irgendwo haust und uns die ganze Nacht bedroht hat. Ein Pick-up bringt uns zum Fährhafen. Eine halbe Stunde später besteigen wir die Fähre mit Hunderten anderer Backpacker. Rucksäcke stapeln sich, Menschen drängen sich auf Deck, ich nehme ihre Hand, um sie nicht zu verlieren. Ein salziger Wind weht über unsere Haut, die Sonne ist grell und klar, ab und zu spritzt Meerwasser über unsere Haut. Die Motoren des Schiffes brüllen wie der Affe von letzter Nacht.

«Meinst du, es hört wieder auf?»

Es dauert Minuten, bis ich den Sinn ihrer Worte verstehe. Dann nicke ich. «Irgendwann vielleicht?»

«O Gott», sagt sie.

Ich lege meinen Kopf in ihren Schoß und versuche zu schlafen und nicht an den Affen zu denken. Ich bin einfach nur unglaublich froh, dass sie da ist.

An dieser Stelle müsste nun eine Pointe folgen, eine unerwartete Wendung, die den Leser noch ein letztes Mal mitreißt und ihn mit einem Lächeln oder zumindest einem Kopfschütteln zurücklässt. Aber es gibt keine. Und das ist wirklich romantisch. Echt jetzt. Außer, man trägt dabei Goretex-Jacken in derselben Farbe.

Fucking planet

Ort: Mui Ne, Vietnam

«*Zeigen Sie mir einen Backpacker, der keinen Sex hatte, und ich zeige Ihnen eine sehr traurige Person.*»
Iris Bahr[18]

Sie liegt dort vorn in einer Hängematte. Sie ist faul und dabei sehr sexy. Einer ihrer Füße wühlt ab und zu im heißen Sand. Um ihren Knöchel hängt eine silberne Kette, die die Sonnenstrahlen reflektiert. Mit einer Hand greift sie ab und zu nach einer Kokosnuss, die ihr gerade ein ständig grinsender Vietnamese mit Zahnlücke namens Tung von einer Palme geholt hat. In ihrem Mundwinkel hängt eine Zigarette. Sie raucht wie Jean Seberg in Godards *Außer Atem*: cool, abgebrüht, lässig. Ihre Haut ist olivfarben, ihr Haar schwarz und lockig und vom Salzwasser strähnig.

Ich sitze auf einem Plastikstuhl etwa 20 Meter entfernt von ihr, trinke tagsüber Kaffee und abends Bier und starre ansonsten auf das Meer. Das Meer ist sehr ruhig. Es bewegt sich kaum. Selten fährt einer der russischen Touristen mit Wasserski vorbei oder wagt sich irgendjemand ans Kite-Surfen. Wir tun seit Tagen nichts, und das extrem. Wir bewegen uns so wenig, sind derart faul und unmotiviert, dass wir noch kein Wort miteinander gesprochen haben. Es hat sich einfach noch nicht ergeben. Ab und zu taucht einer ihrer Freunde auf und will irgendetwas von ihr. Die Freunde sind immer bärtig, leicht angefettet, aber sehr männlich. Sie haben ein Bärenfell auf der Brust. Wenn sie reden, klingt es, als würden sie streiten. Aber sie streiten nicht, sie unterhalten sich nur auf Hebräisch, und das klingt wegen der vielen Kehllaute manchmal aggressiv.

Der bärtige Mann verschwindet wieder, und sie baumelt weiter allein in ihrer Hängematte. Ich könnte sie ansprechen. Aber seit ich auf dieser Insel bin, ist mir alles zuwider, was auch nur im Entferntesten mit Anstrengung zu tun haben könnte. Ich habe mich von Jan inspirieren lassen – ich glaube jetzt, alles Wichtige passiert von allein. Viel zu oft meinen wir, wichtige Entscheidungen zu treffen, die unser Leben grundlegend verändern. Doch das ist eine große Illusion. Von diesem Konzept halte ich nicht mehr viel, seitdem die größte Gefahr in meinem Leben darin besteht, von einer herabfallenden Kokosnuss erschlagen zu werden. Das ist nicht so unwahrscheinlich, wie es sich anhört. Einmal am Tag fällt tatsächlich eine herunter. Man hört sie nicht, erst wenn sie knapp am eigenen Ohr vorbeisaust, zischt die Luft. Die Nuss knallt dann dumpf in den Sand. Von einer Kokosnuss erschlagen zu werden ist ein tragikomischer Tod – absurd, dämlich, ja, aber auch lustig. Man stelle sich nur vor, wie es daheim aufgenommen würde – wie der Sarg in deutschem Boden versenkt wird, die Gäste Erde und Blumen daraufwerfen. Es nieselt, ist grau und kalt, und auf dem Grabstein steht zu lesen: «Philipp Mattheis, 14. 1. 1979 München–6. 8. 2011 Mui Ne, erschlagen von einer Kokosnuss».

Auf jeden Fall hat sich bei mir dank der Kokosnussgefahr, dank Tung, der mir entweder Bier, Pho oder ein Sandwich bringt, und der Außentemperatur, die konstant bei 35 Grad liegt, ein gewisser Fatalismus eingestellt. Das Konzept eines aktiven, selbstgestalteten Lebens erscheint mir seit meiner Ankunft verfehlt. Leute, die ständig etwas verändern müssen, kommen mir hier überspannt vor. Ich bin jetzt der Meinung, dass sich die meisten Dinge von allein regeln, und wenn nicht, kann ich immer noch Tung mit der Zahnlücke fragen. Tung hat alles, was ich brauche: Bier, Omelettes, Zigaretten und Kokosnüsse. Tung gehört das Moon Sunshine. Wir Gäste sind hier alle so. Ungefähr zehn Leute leben in Tungs Bambusbungalows. Manchmal geht einer, manchmal kommt ein neuer dazu.

Manche der Neuankömmlinge wollen noch etwas unternehmen. Vorgestern ist ein Italiener angekommen, der erst Yoga am Strand machte und dann unbedingt die Sanddünen besichtigen wollte. Heute ist er schon ruhiger, obwohl er noch immer Yoga-Übungen macht. Nach spätestens drei Tagen wird man zum Faultier oder fährt wieder. Auch die zwei sehr großen und sehr blonden Schweden, die daheim wahrscheinlich fünf Sportarten betreiben, nicht rauchen und genauso viel Fleisch essen, wie es das schwedische Ernährungsministerium empfiehlt, liegen seit ihrer Ankunft unter einem Mangobaum und spielen Backgammon. Sie unterhalten sich fast nie. Das ist voll okay, finde ich. Aus einem ähnlichen Grund spreche ich das Mädchen in der Hängematte ja auch nicht an. Ich finde, die Dinge sind wie reife Kokosnüsse. Man muss nicht mit einer Machete auf eine Palme klettern und auf sie einschlagen. Wenn die Zeit gekommen ist, fallen sie herab. Mit dem Kennenlernen ist es ganz genauso: Wenn die Zeit gekommen ist, passiert alles von ganz allein.

Gut wäre es natürlich, wenn die Zeit jetzt schon gekommen wäre.

Sie und ich, stelle ich mir vor, wir könnten am Meer leben, in einer kleinen Bambushütte wie in dem Achtziger-Jahre-Kitsch-film *Die blaue Lagune* oder gleich wie Adam und Eva – Liebe ohne soziale Konventionen, ohne Schranken, nur wir beide allein in einem fremden Land. Wo, bitte schön, kann man sich denn besser verlieben als an einem Strand? Wo kann man sich besser das Gehirn rausvögeln als unter einem Mückennetz in einer Bambushütte? Wo kann man leichter eine unkomplizierte Affäre anfangen als auf Reisen? Und wo kann man eine komplizierte Affäre leichter beenden? «Morgen geht mein Zug nach Hanoi» schlägt als Trennungsgrund «Du, für mich fühlt sich das gerade nicht mehr so richtig an. Es liegt nicht an dir, aber ich brauche jetzt ein bisschen mehr Zeit für mich» schließlich um Längen. Hier gibt es keine sozialen Schranken, die überwunden werden müssen, keine Eltern, die irgendwen vorgestellt bekommen möchten, keine besten Freundinnen, die zu wissen meinen, was gut für einen ist. Sich auf Reisen verlieben – das sind Flitterwochen ohne Heirat.

In jedem Backpackerbuch oder -film geht es um Sex. In *Moomlatz* will eine junge Israelin ganz dringend ihre Jungfräulichkeit verlieren. In *The Beach* steht Leonardo DiCaprio auf diese Französin und die Campchefin auf ihn. In *Hotel Very Welcome* versuchen zwei Engländer den ganzen Urlaub lang nichts anderes, als Backpackerinnen aufzureißen. Man könnte meinen, der Banana-Pancake-Pfad sei eine einzige großartige Orgie, bei der sich junge Menschen aus aller Welt treffen, um sich miteinander zu vereinigen. Da vögeln Italiener mit Deutschen und Amerikanerinnen mit Polen und Engländer mit Schweizerinnen und Schweden mit allen, weil jeder die Schweden am schönsten findet. Alle werfen ihre Gene in einen Pool hinein und lieben sich in windschiefen Bambushütten, als ob es kein Morgen gäbe; im Hintergrund rauscht die Brandung, und ein Affe schreit durch die tropische Nacht.

Die Schweden sehen übrigens immer am besten aus, dicht gefolgt von den Norwegern und Dänen. Die schwedischen Frauen sind alle blond, haben schöne und trotzdem markante Gesichter und laufen herum, als würden sie für ein angesagtes Label modeln. Die Jungs sind noch größer, durchtrainiert und sehr freundlich. So freundlich, dass sie jeder mögen muss, auch die kleinen pickligen Jungs aus England. Jeder mag Schweden. Jeder möchte mit Schweden Sex haben. Besser gesagt: Jeder würde mit Schweden Sex haben wollen, wenn es überhaupt zu Sex käme. Aber so ist es nicht.

Tatsächlich wird nämlich überhaupt nicht viel gefickt. Paare haben zwar Sex, aber nur in den seltensten Fällen nicht untereinander. Paarsex kann man zur Genüge in billigen Hostels belauschen, deren Wände nicht dicker sind als ein Pfannkuchen. Es mag Leute geben, die sich von Sexgeräuschen angetörnt fühlen. Ich bin eher der Meinung: Nach Wochen ohne körperlichen Kontakt zum anderen Geschlecht kann einen der Sex der anderen in den Wahnsinn treiben.

Natürlich gibt es viele Zweiergruppen auf Reisen: beste Freundinnen und beste Freunde. Gleichgeschlechtliche Paare sind aber so aufeinander fixiert, dass Sex mit einer dritten Person einen schwerwiegenden Vertrauensbruch darstellt, der den weiteren Verlauf der Reise gefährdet. Zwei beste Freundinnen, die monatelang ihren Dreimonatstrip durch Mittelamerika geplant haben, wollen entweder keine dritte Person in ihrer Bambushütte haben oder sind am Ende der Reise keine besten Freundinnen mehr. Die einzige Konstellation mit Chancen auf Kopulation ist das Aufeinandertreffen von zwei Zweierpärchen, also zwei beste Freunde treffen zwei beste Freundinnen. Rein statistisch sind die Chancen auf eine solche Kombination aber relativ gering. Noch geringer ist die Wahrscheinlichkeit, dass sich zweimal zwei Personen gut finden.

An Gruppen kommt man nur schwer heran. Bei gemischtgeschlechtlichen Gruppen hat zudem auch immer ein Mitglied der Gruppe insgeheim schon länger ein Auge auf das Objekt der Begierde geworfen und betreibt deswegen aktives «cockblocking». Und auch selbst wenn niemand versucht dazwischenzufunken, ist die Chance, jemanden aus einer Gruppe kennen-

141

zulernen, nicht hoch. Der Gruppenteilnehmer steht umgekehrt wie daheim unter sozialem Druck, und oft gelingt es ihm nicht, sich von den Werturteilen seiner Mitreisenden freizumachen.

«Spinnst du?», sagt Mitreisende B. «Daheim würdest du den Typen doch nicht mal mit dem Arsch anschauen!»

Mitreisender M. dagegen droht: «Wenn du mit der was anfängst, erzähle ich zu Hause allen, wie dick die war!»

Erschwerend kommt hinzu, dass sich Alleinreisende von Gruppen abgeschreckt fühlen. Die Gruppe bleibt also die meiste Zeit ohnehin unter sich.

Mit Alleinreisenden könnte theoretisch am meisten gehen. Sie begegnen sich am unbefangensten. Sie sind frei; wenn sie sich verlieben, müssen sich niemandem erklären, weshalb sie eine Woche länger auf dieser Insel bleiben möchten. Sie sind gesprächig, ausgehungert durch hundert Tage Einsamkeit. Sie sind interessant und reden über interessantere Themen als ihren letzten Vollrausch in Saigon. Leider sind unter ihnen aber auch die meisten Freaks. Freaks haben selten viel Sex.

Inga, die die letzten vier Wochen in einem buddhistischen Kloster in Nordthailand meditiert hat, sagt: «Gegen die Erleuchtung ist ein Orgasmus ein Scheißdreck.»

Pierre, ein hochgewachsener, aber sehr schmächtiger Franzose mit langen schwarzen Haaren, kommt gerade aus Laos. Er hat zwar nicht meditiert, dafür aber in irgendeinem Minderheitendorf Opium geraucht. Er sagt: «Vier Wochen Opium rauchen bringt dich mal richtig runter. So was wie Sex wird echt nicht mehr so wichtig, wenn du Opium geraucht hast.»

Eva aus Spanien ist seit sieben Monaten unterwegs. Sie ist klein und sehr hübsch. Allerdings war ihr Budget nicht auf sieben, sondern nur auf vier Monate ausgelegt. Um länger zu bleiben, spart Eva an Dingen, an denen man nicht sparen sollte: Sie schläft auf einer Bastmatte unter einem Mückennetz im

Freien. Sie trinkt Leitungswasser, ernährt sich von Toastbrot mit Streichkäse, den Tung ihr schenkt. Dafür hilft Eva manchmal Tungs Mutter, einer rundlichen, 70-jährigen Oma mit Betelnuss zwischen den Zähnen, eine Bambushütte sauber zu machen.

Paolo ist eigentlich ein netter Typ. Seitdem er aber in Nordindien einen Yoga-Ashram besucht hat, muss er alle zehn Minuten eine Asana machen. Paolo springt mitten in der Unterhaltung auf und sagt: «Sorry, ich muss jetzt dringend den ‹Hund› machen.» Paolo meint, die letzten Jahre als Investmentbanker hätten ihm nicht gutgetan. Jetzt, sagt er, finde er langsam seinen «inneren Weg». Sex empfindet er dabei als genauso hinderlich wie Saskia, die in einem Stringtanga am Strand liegt und ein Buch über indische Astrologie liest. Saskia hat mir meinen Assistenten ausgerechnet (ich weiß, das Wort heißt irgendwie anders, aber ich kann es mir nicht merken). Sie sagt, das bedeute, dass ich zu großer Beharrlichkeit neige und einen «eigentümlichen Kern» habe. Ich versuche, dabei nicht, auf ihren Hintern zu starren. Dann legt Saskia wieder Tarotkarten.

Sex stört die Selbstfindung, weil Sex das mühsam erlangte Wissen an Spiritualität wieder durcheinanderwirbelt. Ein Orgasmus nivelliert die durch lange Meditationen und Asanas geordneten Energielevels. Saskia zum Beispiel sagt: «Ein Typ würde meinen Energiefluss jetzt total stören. Mein Sakralchakra ist momentan eher verschlossen.»

Es gibt noch weitere Gründe, warum auf Reisen viel weniger gefickt wird, als man vielleicht denkt. Dazu zählen etwa

- ein Partner, der daheim in Bamberg wartet und den man in den nächsten acht Monaten auf keinen Fall betrügen kann (der sich dann aber bei der Rückkehr trennt mit der Begründung, er habe in den letzten Monaten in Ruhe die Beziehung überdacht);

- diverse Magen-Darm-Erkrankungen, die jeden engeren Kontakt mit einer anderen Person zu einer Partie russisches Roulette werden lassen;
- zu viele Drogen;
- Diskussionen über den Nahostkonflikt, weil offenbar jeder halbwegs alphabetisierte Mensch auf dieser Welt dazu eine Meinung hat, die er für die einzig richtige hält;
- Einheimische an der Rezeption, die ihrem Auftrag, Unzucht zu unterbinden, rigoros nachkommen, indem sie eine weitere Person nur unter sehr hohem Aufpreis und korrekter Anmeldung mit Pass im selben Zimmer übernachten lassen.

Was bleibt, sind seltene One-Night-Stands zwischen Personen, die sich gerade mit Mekong-Whiskey betrunken haben und deren Unterwäsche das letzte Mal vor drei Wochen eine Waschmaschine gesehen hat. Weil die Zimmerwände nur aus Sperrholz sind, weiß bald das ganze Hotel über die Paarung Bescheid. Anschließend klebt und stinkt alles. Am nächsten Morgen addet man sich noch auf Facebook und fährt allein weiter.

Dem Verkehr mit Einheimischen ist hier ein eigenes Kapitel gewidmet. Nur so viel: Nicht alle Einheimischen sind Prostituierte, in nichtislamischen Staaten mit niedrigem Preisniveau allerdings sehr viele. In Südostasien gibt es eine gut geölte Sexindustrie – aber nicht für Backpacker. Backpacker verachten Sextouristen, sie hassen sie so sehr wie Atheisten den Papst und gehen ihnen aus dem Weg, wo sie nur können. Nur an ganz wenigen Stellen auf der Welt kreuzt der Banana-Pancake-Pfad den der Sextouristen. Sollte sich doch einmal ein Backpacker mit einem Mädchen einlassen, das dafür mit Hotelzimmer, Essen und ein bisschen Geld entlohnt wird, strafen die übrigen das Paar mit totaler Missachtung. Manchmal kommt es dann zu traurigen Situationen wie der, dass etwa eine Gruppe um ein Lagerfeuer am Strand herumsitzt und sich alle unterhalten. Niemand aber spricht mit dem Backpacker-Einheimischen-Paar, als wollte man diesem mitteilen: «Wir billigen eure Verbindung nicht, wir wollen mit eurer Schmuddelbeziehung nichts zu tun haben.» Andererseits bringt auch niemand die Energie auf, dies dem Paar verbal mitzuteilen. Man wartet in der Hoffnung, das Paar möge bald wieder verschwinden und die Erinnerung daran, dass man sich trotz des Lagerfeuers, des Biers und der Klampfe in einem Dritte-Welt-Land befindet, mit sich nehmen.

Aus all diesen Gründen verbringt man den überwiegenden Teil seiner Reise ohne Sex. Doch trotz Faulheit, Tarotkarten, sporadisch auftretender Margen-Darm-Erkrankungen, sozialer und sprachlicher Barrieren handelt es sich eben doch um einen Trieb. Ich stehe auf. Ich brauche drei Versuche, um endlich die Hängematte zu verlassen, in der ich seit sechs Stunden liege. Mein Rücken schmerzt. Ich fühle mich wie Mr. Burns von den Simpsons. Neben ihr sitzen mittlerweile drei ihrer sehr männlich aussehenden Reisebegleiter. Sie trinken Bier, rauchen Zigaretten und erzählen sich in ihrer kehligen Sprache Geschichten. Ihr Fuß mit den rot lackierten Zehennägeln wühlt noch immer im Sand. Die Sonne versinkt in diesem Moment im Meer. Ein Glühwürmchen hat sich gerade in einer ihrer Locken verfangen.

«Woher kommst du?», frage ich, weil das eine zwar nicht besonders kreative, aber doch solide und berechtigte Frage ist, wenn man jemanden kennenlernen möchte.

«Israel», sagt sie.

Es klingt herb, geheimnisvoll, selbstbewusst. Nur sieht sie mich nicht an, während sie das sagt.

Ich sage: «Israel – da war ich letztes Jahr!»

«Ach wirklich», sie sieht mich an, ihre Stimme wird freundlicher. «Wo?»

«Tel Aviv, Jerusalem und im Westjordanland.»

Einer der sehr männlich aussehenden Männer streckt seine riesige Brust vor und sieht mich an. Mit tiefer, voller Stimme sagt er: «Ich war auch im Westjordanland.»

«O cool! Was hast du da gemacht?», frage ich.

«Ich war Soldat.»

«Hör mal», sagt sie. «Morgen verlasse ich die Insel, heute will ich nur kiffen. Meine Freunde wollen nicht mit dir reden. Sie halten dich für einen Idioten. Meine Tarotkarten sagen, dass ich heute nur Arschlöcher kennenlerne. Außerdem vermisse ich meinen Freund. Das mit uns kann also aus verschiedenen Gründen nichts werden. Deswegen bitte ich dich jetzt höflich: Fuck off!»

Ich gehe, und später geht auch sie. Hand in Hand mit dem blonden Schweden.

Billigheimer

Ort: Vang Vieng, Laos

«Two dollar? You must be crazy. Half a dollar, not more!»
Namenloser Backpacker[19]

Sams Buchhaltung ist schwer durcheinandergeraten, die letzten fünf Posten fehlen. Es ist seine eigene Schuld, er hat vergessen, sie zu notieren. Hinzu kommt die Verwirrung über eine Währung, von der man nach Sams Meinung am besten fünf Nullen streichen sollte, und das Wechselkursdings: Der Kip hat etwas mit dem Baht zu tun, der Baht ist wohl an den Dollar gekoppelt, und was das Ganze in Euro heißt, kann man nur erahnen. Den Anzeigen der laotischen Banken traut er nicht, denn die, sagt er, zocken ohnehin jeden ab. «Die Laoten tun so, als seien sie rückständige, naive Bewohner eines Berglands, aber ich sag dir was: Die Laoten sind die gerissensten aller Asiaten!»

Gut möglich, dass Sam sein Tagesbudget schon überschritten hat. Sein ganzer Frust entlädt sich nun auf den kleinen laotischen Wasserverkäufer, dem nur noch drei Schneidezähne geblieben sind, durch die er verwegen grinst.

«No, no, no! Yesterday I paid for water only 2,000 kip! Not 4,000 like here.»

Der Laote sagt nichts und grinst nur, wie Südostasiaten immer grinsen, wenn ihnen etwas peinlich und unangenehm ist; sie denken, sie könnten die Situation weglächeln.

Die Sonne brennt mit 35 Grad, was zu einem weiteren Schweißausbruch unter Samuels Achseln führt. Für einen Moment macht er Anstalten, das T-Shirt, das er nun schon seit zwei Wochen nicht mehr gewaschen hat, auszuziehen, scheint sich aber dann doch dagegen zu entscheiden. So wedelt er nur einmal kurz Luft unter den Stoff.

40 000 Kip wollte die Frau für die Wäsche: 4,30 Euro haben Samuels Berechnungen ergeben.

«Over there», lenkt der Laote ein, «water no cold. Here very ice! 3,500 kip.»

«Bullshit», ruft Sam, «das ist doch Bullshit! Verdammter Bullshit! Der verarscht uns doch nach Strich und Faden!» Er dreht sich um und geht. Dann macht er einen Fehler ...

Sam und ich haben uns an der Grenzstation zwischen Thailand und Laos kennengelernt. Er trug keine Schuhe. Er hat aufgehört, Schuhe zu tragen, nachdem er in Nepal mit einem Sadhu barfuß durch den Himalaja gewandert ist. «Seitdem habe ich eine Hornhaut an den Füßen, so dick wie eine Flipflop-Sohle», sagt er. Tatsächlich sehen Sams Füße aus wie die eines Hobbits: schwarz, behaart und dick.

Ein Visum für Laos bekommt man auf der Khaosan in Bangkok, so wie es eigentlich alles auf der Khaosan zu erstehen gibt, was man in Südostasien so braucht oder eben auch nicht braucht: Beerlao-T-Shirts, gefälschte Presseausweise, falsche Dreadlocks und Sitzkissen. Man kann die Zugfahrt von Bangkok zur Grenze gleich mitkaufen. Überall in den Hotels und zwischen den Restaurants finden sich kleine Reisebüros, die sich auf Backpacker spezialisiert haben. Man kann das Visum für Laos aber auch direkt an der Grenze kaufen. Man muss dann zwar versuchen, mit Grenzbeamten zu sprechen, die ihre Zigarette zu Ende rauchen, bevor sie sich auch nur irgendeine Frage anhören, spart sich aber zehn Dollar. Sam hat sich nur fünf Dollar gespart, weil er nämlich nicht wusste, dass der Bahnhof von der Grenze ein paar Kilometer entfernt ist und man noch eine Fahrradriksha nehmen muss.

Auf jeden Fall fragte er mich, nachdem wir die Grenze passiert hatten, ob wir uns ein Hotelzimmer teilen könnten. Es war eigentlich das Erste, was er überhaupt mir gegenüber äußerte. Ich sagte ja, was ein Fehler war, denn nach einem Ja wieder aus so einer Nummer herauszukommen, finde ich persönlich sehr schwierig. Ein Fehler war es deshalb, weil Sam sehr hohe Ansprüche an ein Hotelzimmer stellt:

1. Es muss billig sein.
2. «Billig» bedeutet immer unter fünf Euro.
3. Letzteres gilt nur in Ländern, in denen es nicht auch Hotelzimmer für ein oder zwei Euro pro Nacht gibt.

Das erste Hotelzimmer, das wir fanden, kostete 40 000 Kip – pro Person also fünf Dollar oder eben zehn für uns beide zusammen. Trotz der rosa Bettwäsche war es für ein Hotelzimmer in einer südostasiatischen Großstadt nicht schlecht: Es hatte ein Bad und einen kleinen Balkon. Der Besitzer, ein junger Laote mit sehr gutem Englisch, ließ sich partout nicht auf Sams Vorschlag ein, das Zimmer insgesamt für fünf Dollar zu vermieten, anstatt von jedem von uns fünf zu verlangen.

«Ist ein Riesenarschloch, der Typ», sagte Sam. «Er weiß genau, dass das maßlos überteuert ist, und ich weiß es auch. Gehen wir!»

Wir stapften schwer beladen und schwitzend durch die staubige Stadt. Ein Tuktuk oder ein Taxi zu nehmen kam für Sam überhaupt nicht in Frage. «Ist gleich da drüben», meinte er. Das nächste Hostel war tatsächlich nicht weit, wenn ein Fußmarsch von 20 Minuten mit Rucksack bei 35 Grad nicht weit sein soll, allerdings kostete das Doppelzimmer mit Fernseher hier 90 000 Kip.

«Wofür brauche ich einen Fernseher?», schrie Sam. «Ich bin doch nicht nach Südostasien gekommen, um im Hotelzimmer fernzusehen. Dieser Fernseher, sag ich dir, den berechnen sie mit 20 000 Kip. Mindestens! Sonst ist das Loch doch keine 90 000 Kip wert! 20 000 Kip für ein Ding, das man überhaupt nicht braucht!»

Ich war mittlerweile so durchgeschwitzt und übermüdet, dass ich auch 200 000 Kip gezahlt hätte, zumindest für eine Nacht. Aber Sam regte sich derart auf und strotzte gleichzeitig vor Energie, dass ich es vorzog, gar nichts zu sagen und ihm schweigend zu folgen. Ich hätte da schon merken sollen, dass mit Sam etwas nicht stimmt oder er zumindest an einer kleinen Zwangsstörung leidet. Er ist vom Billigkobold besessen. Am Ende landeten wir weit weg vom üblichen Backpackerghetto in einem kleinen quadratischen Betonhaus, in welchem eine alte Frau ein Zimmer vermietete. In dem Zimmer standen keine Möbel, nicht einmal ein Schrank, es lagen nur zwei Matratzen auf dem Boden, und in der Ecke befand sich ein Waschbecken. Das Klo teilten wir uns mit der alten Frau und ihren Verwandten. Das Zimmer kostete 30 000 Kip, also nicht ganz vier Dollar – für uns beide. Eigentlich hatte die alte Frau 40 000 Kip verlangt, aber Sam hatte sie nach einer halbstündigen Feilschorgie um 10 000 drücken können, woraufhin die Frau jammernd und stöhnend ein Bündel Scheine in ihrem Gewand verstaute. Sam dagegen schien auf einmal wie ausgewechselt zu sein. Er lief mit leuchtenden, großen Augen durch das Zimmer, besichtigte den Balkon, ging zum Waschbecken und drehte den Wasserhahn auf und wieder zu.

Er sagte: «30 000 Kip! Wir sind die einzigen Traveller, die sich nicht von Laoten verarschen haben lassen! Niemand, da wette ich, niemand zahlt in dieser Stadt weniger als wir für ein Zimmer!»

Er reichte mir die Hand, und ich schlug ein. Dann wusch er sich die Füße.

Anschließend wollten wir Gras bei einem alten Laoten kaufen, den mir ein Engländer auf Koh Phangan empfohlen hatte. Mister Bang war um die 70 und überaus freundlich. Er sagte: «Hello, mister, how are you? You would like to buy some very fine weed?» Dabei nickte er mehrmals.

Der Mann, hatte der Engländer erzählt, war früher einmal Eisverkäufer gewesen, hatte aber das Geschäft gewechselt, als er gemerkt hatte, dass Backpacker Gras Speiseeis vorziehen. Der freundliche Herr wollte 100 000 Kip für eine Streichholzschachtel voll Marihuana, was ich zwar nicht gerade wenig, aber irgendwie doch angemessen fand. Wo mein Preisempfinden nun genau herrührte, konnte ich nicht sagen, denn bei illegalen Gütern ist es noch viel schwerer zu beurteilen, was billig und was teuer ist. Sam war jedenfalls der Meinung, 100 000 Kip seien viel zu viel. «Das Gras kostet ja dreimal so viel wie unser Zimmer!», schnaubte er. Und da ich keine Ahnung hatte, wie viel in einem fremden Land für eine Streichholzschachtel Marihuana zu bezahlen ist, erwiderte ich nichts. Dem alten Herrn, der immer so nett war, zeigte Sam einen Vogel. Dann fing er an zu feilschen. Mir war das etwas unangenehm, weil der alte Mann ja so freundlich war, aber tatsächlich schaffte es Sam, den ehemaligen Eisverkäufer auf 60 000 Kip herunterzuhandeln.

In Laos fühlt man sich übrigens immer ein bisschen wie Snoop Dogg oder irgendein anderer Gangsta-Rapper. Gras gibt es fast überall zu kaufen, und weil die Nominalbeträge so hoch sind, läuft man durch die Stadt und hat in der einen Hosentasche eine Tüte Gras und in der anderen ein Geldbündel stecken.

Auf jeden Fall saß ich später mit Sam auf unserem Balkon, der – sah man einmal von dem fehlenden Geländer, der tropfenden Klimaanlage und dem Straßenlärm ab – gar nicht schlecht war. Wir rauchten, und Sam begann zu erzählen. Das heißt, eigentlich erzählte er nicht wirklich, es war eher ein Manifest, das er in die schwüle Abendluft hinaushustete.

Er sagte: «Zehn Dollar am Tag! Es muss mit zehn Dollar am Tag zu schaffen sein! Die Einheimischen geben ja auch nicht mehr aus. Ich hab das mal durchgerechnet: Das durchschnittliche Pro-Kopf-Einkommen in Laos liegt bei 90 Dollar im Monat. Das heißt, die verdienen am Tag nicht mehr als drei Dollar. Ich meine, da muss doch einer wie ich mit zehn Dollar am Tag locker auskommen können.» Den letzten Satz schrie Sam in die Nacht: «Es muss zu schaffen sein!»

Sam hat mir nie gesagt, ob er tatsächlich nur wenig Geld hat und deswegen so versessen darauf ist, nicht mehr als zehn Dollar am Tag auszugeben. Ich glaube es aber nicht. Ich glaube, Sam hat genauso viel Geld wie alle anderen Backpacker. Für westliche Verhältnisse wenig, gemessen am Lebensstandard der einheimischen Bevölkerung aber unglaublich viel. Für Sam ist das Geldsparen ein Sport. Es erhöht seinen Road-Status.

Am nächsten Tag fuhren wir weiter nach Vang Vieng. Sam bestand darauf, nicht den klimatisierten VIP-Bus zu nehmen, sondern mit demselben Gefährt zu fahren wie die Einheimischen. Es handelte sich dabei um ein Fahrzeug osteuropäischer Fabrikation, das noch aus den Zeiten stammen musste, in denen Laos kommunistisch war. Wir konnten so abermals 40 000 Kip sparen, hatten allerdings alle Hände voll zu tun, irgendwie die Fahrt zu überleben.

Vang Vieng ist eine kleine Stadt, nicht allzu weit von der laotischen Hauptstadt Vientiane entfernt. Ende der Neunziger war das Dorf noch ein verschlafenes Nest, in dem Bauern von Reisanbau und Viehzucht lebten. Seitdem aber ein paar Backpacker feststellten, dass es in unmittelbarer Umgebung des Dorfes Wasserfälle und Höhlen gibt und man sich für wenig Geld in einem

Lkw-Reifenschlauch mit einem Joint und einem Bier in der Hand den Mekong hinuntertreiben lassen kann, boomt die Stadt. Heute sieht die Hauptstraße Vang Viengs aus wie eine abgespeckte Version der Khaosan Road in Bangkok: Es gibt Hostels, Reisebüros, Cafés, Souvenirläden, Bars und Motorradverleihe. Jedes Jahr trampeln Tausende von Backpackern aus der ganzen Welt durch den Ort und absolvieren dasselbe Programm: Tour zum Wasserfall, baden in einer Art Höhle, viel Reiswhiskey trinken (pro Kauf einer Flasche gibt es einen Joint kostenlos dazu) und dann im Reifenschlauch den Mekong hinuntertreiben. 2009 soll ein Ire dabei ertrunken sein. Seitdem müssen alle Backpacker ein Schriftstück unterschreiben, mit dem sie bestätigen, dass die Betreiber des Spektakels für Unfälle nicht haften.

Als wir gestern ankamen, begann Sam sofort wieder, jeden Hostelbesitzer nach dem Preis für ein Doppelzimmer zu befragen und ihn anschließend für seine Preispolitik zu beschimpfen. Nach drei Stunden hatten wir alle durch und zwei Probleme: Zum einen sind die Preise in Vang Vieng höher als in Vientiane, weil die Nachfrage größer ist. Zum anderen, und dieses Problem wog schwerer, gab es nur noch ein einziges Zimmer. Es kostete 20 Dollar oder 160 000 Kip. Es dauerte eine weitere Stunde, bis Sam die Tatsache akzeptiert hatte, dass tatsächlich jedes andere Zimmer ausgebucht war. Sam sagte zu dem Laoten, der nicht älter als 18 Jahre aussah: «100 000 Kip!»

Der Laote schüttelte den Kopf.

Sam sagte: «120 000 Kip!»

Der Laote grinste, schüttelte aber dann den Kopf.

Sam presste unter offenbar großem Schmerz «140 000 Kip» hervor, doch der Laote schüttelte abermals den Kopf.

Sam verkniff sich ein Fluchen, wobei sein Gesicht puterrot anlief. Wir nahmen das Zimmer, doch Sam schwieg den Rest des Abends über. Erst heute Morgen sprach er wieder.

Backpacker sind Billigheimer. Sie müssen es sein, weil sie sich bei nervenden Nebenjobs in Callcentern und Bars mühevoll 2000 Euro zusammengespart haben, die jetzt drei Monate reichen müssen. Aber sie wollen es auch sein: Für die wohlhabenden Mittelschichtskinder des Westens, die eine Stippvisite in die Armut unternehmen, ist die Pfennigfuchserei eine selbstauferlegte Kasteiung. Genugtuung entsteht allein daraus, pro Tag einen möglichst niedrigen Betrag zu verbrauchen.

«Sparen, sparen, sparen – das ist ein superwichtiger Teil, weil auf der anderen Seite gibst du dann für Alkohol zum Beispiel ziemlich viel aus, dann bist du auf der Suche nach einer billigen Unterkunft, die akzeptabel ist, nach dem billigsten ‹taxi ride›», erzählt eine Backpackerin namens Daniela in Jana Binders Buch *Globality*. «Teilweise ist es dann echt so: ‹Hey, wie viel hast du denn hierher gezahlt? Ha, ich war billiger!› Es ist halt einfach klar, du reist ‹on budget›, du musst gucken, wo du bleibst, sonst musst du halt früher nach Hause.»[20]

Sätze wie «Mein Tagesbudget sind zehn Euro!» werden mit Inbrunst und Stolz vorgetragen. Antwortet das Gegenüber: «Meines liegt bei 50 Euro», so outet es sich als versnobtes Weichei, das keine Ahnung vom wirklichen Leben in diesem Land hat. Dann ist er kein Backpacker, sondern ein Tourist, der aus Versehen von der Rollkofferautobahn abgekommen ist und sich auf den Banana-Pancake-Pfad verirrt hat.

Wer es mit wenig Geld schafft, ist härter, authentischer, unabhängiger. Er beweist sich: Geld ist nicht wichtig, und um Spaß zu haben, braucht man fast nichts davon. Die große Herausforderung, ein regelrechter Sport der Billigpacker ist es, nicht mehr als die Einheimischen zu bezahlen. Tatsächlich existieren in vielen Ländern zwei Preissysteme – seien sie offizieller Art wie in Vietnam oder ungeschriebene Gesetze wie in guatemaltekischen Bussen. Die meisten Backpacker empfinden diese Ungleichbehandlung als unlautere Wettbewerbsverzerrung bis himmelschreiende Ungerechtigkeit. Das Argument, immer noch um ein Vielfaches reicher zu sein als die Bewohner des Landes, durch das man reist, zählt nicht. Es geht darum, genauso wenig wie die Einheimischen zu bezahlen. Zwar gehört es zum guten Ton, die Globalisierung, die Wirtschaftsordnung, die Ausbeutung der Dritten Welt zu beklagen, und überhaupt: «Fuck USA, es ist eine Sauerei, dass es den Leuten hier so schlechtgeht, während wir daheim iPods und Markenklamotten haben» – doch über Lippenbekenntnisse oder das Tragen von T-Shirts mit linken Konterfeis (Che Guevara etc.) und Parolen geht die Solidarität selten hinaus.

Dass eine Phase des Verzichts im Leben niemandem schadet, ist kaum zu bestreiten. Nur sind die Opfer dieser Kasteiung nicht nur die Asketen selbst, sondern stets auch die laotischen Wasserverkäufer, bolivianischen Hotelbesitzer und indischen Marktfrauen. Bewohnern eines Dritte-Welt-Landes ist es eher schwer zu vermitteln, warum jemand, der in ihren Augen alles besitzt, ausgerechnet dann um jeden Cent feilschen muss, wenn er ihr Land besucht. Sie erkennen sehr wohl, dass die weißen Kopfhörer, die da aus dem stinkenden, zerrissenen T-Shirt des «farang» baumeln, zu einem iPod gehören und dass dieses Gerät in etwa den Gegenwert ihres eigenen Monatseinkommens gekostet hat. Deshalb setzen sie auf Backpacker nur so lange, bis die ersten Rollkofferträger in ihrem Ort aufgetaucht sind. Sobald naivere, konsumfreudigere Touristen den Ort besuchen, mehren sich vor den Hotels die Schilder, auf denen «No Backpackers» steht.

Sam hat den Preisschock des gestrigen Tages noch nicht ganz verdaut, aber immerhin spricht er wieder. Wir gehen auf einen kleinen einheimischen Markt. Sam meint, es gäbe hier das billigste Essen. Er dringt schnellen Schrittes bis zur Mitte des kleinen Marktes vor, vorbei an fliegenbesetzten Schweine-hälften, matschigen Mangos und lärmenden Laoten. Das Licht ist schummrig, die Luft riecht nach fauligen Essensresten. Von überall her lärmt es, und Sam schwillt der Kamm. Barfuß tritt er in eine Pfütze, in der Innereien herumschwimmen. Schließlich gelangt er zu einem steinernen Etwas, aus dem Wasser fließt.

Sam füllt seine Plastikflasche damit und trinkt sie voller Genugtuung zur Hälfte aus. «Die verarschen uns doch nach Strich und Faden hier! Schau dir das Wasser an – das ist verdammt gutes Wasser! Verdammt gut, und es kostet nichts. Aber uns verkaufen sie das teure!»

Irgendwie hat Sams Ausruf etwas Autosuggestives, und wenn ich mich nicht täusche, ist das Wasser ein bisschen gelb.

«Mann, das trinken diese Laoten selbst. Die trinken das jeden Tag, das kann nicht schlecht sein!» Dann geht er zurück zu dem grinsenden Laoten mit den wenigen Zähnen. «For free!», schreit er ihn an und deutet mit dem Zeigefinger auf die Plastikflasche mit der leicht trüben Flüssigkeit in seiner Hand.

Zwei Stunden später fleht mich Sam an, ihm eine Imodium-Tablette zu verkaufen.

Der Feind mit dem Koffer

Ort: Phnom Penh, Kambodscha

«*Der Rucksack, der sagt auch so viel aus: ‹Hier, der möchte die Welt kennenlernen und nette Menschen treffen. Und so was.› Das hat kein Samsonite-Koffer, der sagt gar nichts, der sagt nur: ‹Fass mich nicht an, ich bin gesichert.›*»
Backpacker namens Alex[21]

Die Sonne ist schon zur Hälfte im Boeung-Kak-See versunken. Schlingpflanzenfelder treiben auf dem Wasser. Mal bläst sie der Wind auf die eine Seite des Sees, mal auf die andere. Sam stopft ein Reisgericht in sich hinein und spült die Bissen zwischendurch mit einer Flasche Angkor Beer herunter. Seine Dreadlocks hängen ihm immer wieder ins Essen. Sam sieht immer ein bisschen fertig aus. Er ist sehr dünn, weil das Einzige, was er täglich zu sich nimmt, ein Reisgericht ist. Er behauptet, etwas anderes schmecke ihm entweder nicht oder verursache Durchfall. Tatsächlich aber will Sam wie immer vor allem Geld sparen, denn gebratener Reis gehört zu den billigsten Gerichten in den Hostels. Dazu trinkt er Abend für Abend einige Flaschen Angkor-Bier.

Ein Typ mit hellblauem Poloshirt und kurzer Chinohose lässt sich zu unseren Füßen nieder und streckt seine Beine ins Wasser. Neben ihm steht ein silberner Samsonite-Koffer. Seine Klamotten sind auffallend sauber und sehen gebügelt aus. Er ist etwa 20

Jahre alt und hat weder eine Glatze noch Dreadlocks, sondern einen richtigen Haarschnitt. Würde man seinen Samsonite-Koffer öffnen, so kämen wahrscheinlich sorgsam zusammengelegte, gestärkte Ralph-Lauren-Hemden, saubere Unterhosen und ein Kulturbeutel aus Leder zum Vorschein. Er zündet sich eine Zigarette an, raucht, bis die Zigarette halb heruntergebrannt ist, und schaut auf Sams schwarze Riesenfüße. Mit der anderen Hand umklammert er die ganze Zeit den Griff seines Samsonite-Koffers. Ich möchte ihm schon sagen: «Mach dich locker, entspann dich, hier klaut keiner was.» Aber das stimmt ja gar nicht, denn gestern haben zwei kambodschanische Halbstarke mit Moped einem Italiener die Kamera gemopst. Der Typ mit dem Haarschnitt und dem Polohemd dreht sich zu uns um. Er zögert einen Moment und stellt dann die Frage, die stets das Tor zu einer Konversation öffnet.

Der Typ in dem Poloshirt fragt mit einer hohen Fistelstimme: «Where are you guys from?»

Sam schweigt. Der einzige vernehmbare Laut von seiner Seite ist ein Zwitter aus Grunzen und Schmatzen – weit entfernt von einem Wort. Ich tue so, als hätte ich die Frage nicht gehört.

Ich bin jetzt seit drei Wochen mit Sam unterwegs. Nachdem er seine Magen-Darm-Infektion in Vang Vieng auskuriert hatte, fuhren wir zurück nach Bangkok und von dort aus nach Siem Reap. Diese Stadt liegt in unmittelbarer Nähe der Tempelanlagen von Angkor Wat. Jeder, der nach Kambodscha fährt, schaut sich die Tempel von Angkor an. Manche kommen überhaupt nur deshalb ins Land. Gemessen an der Bedeutung, die die dorthin führende Landstraße hat, ist sie in einem miserablen Zustand. Sam und ich verbrachten zehn Stunden auf der Ladefläche eines japanischen Pick-ups, zusammen mit fünf Schweden und gefühlten 25 Kambodschanern. Nach besagten zehn Stunden hatten wir eine Panne und wurden nach drei

Stunden Warten von einem Lkw abgeholt. Wir waren beide sehr schlecht gelaunt nach dieser Fahrt, aber so etwas schweißt zusammen.

Sam ist übrigens eigentlich die meiste Zeit schlecht gelaunt. Er war zuvor drei Monate in Nepal, wo er einen Sadhu kennenlernte, mit dem er sechs Wochen barfuß durch den Himalaja marschiert ist. «Musste mal runterkommen von meinem Militärdienst in der Westbank», sagt Sam. Um sich wieder aufzuwärmen, verbrachte er die letzten zwei Monate auf einer thailändischen Insel. Manchmal behauptet Sam, den Namen der Insel vergessen zu haben, manchmal sagt er, der Ort sei geheim, er könne niemandem verraten, wie die Insel heiße, sonst kämen lauter Idioten. Sam hält viele Leute für Idioten. Er hat die israelische Armee vor sieben Monaten verlassen. Seine Landsleute kann er nicht leiden. «They want only party, these dumb idiots.» Sam sagt, zwischen Israelis, die die ganze Zeit nur Saufen und Sex im Kopf hätten, und Touristen sei kein großer Unterschied. Die Israelis würden nur besser aussehen.

Angkor Wat hat Sam nicht gefallen. Es lag nicht an den Tempeln, sondern daran, dass das ganze Gelände voller Touristen war. Einmal standen wir um vier Uhr morgens auf, weil Sam sagte, das sei die einzige Chance, die Tempelanlage mal ohne amerikanische Schlapphutrentner zu fotografieren. Aber gerade die stehen auch früh auf, und so kippte um Punkt sieben der erste Touristenbus seine kontaminierte Ladung aus: ältere Menschen mit Polohemden, Sonnenhüten und Trekkingsandalen. Menschengruppen mit vollen Geldbeuteln und gebügelter Kleidung. Menschen mit Führern.

Sam meinte, er könne die alten Khmer-Tempel beim besten Willen nicht genießen, solange diese Tourihorden in der Nähe seien. «Da komme ich mir verarscht vor. Ich habe mit einem Sadhu gelebt – und jetzt das! Wenn man mal mit einem Sadhu gelebt hat und dann diese Leute hier sieht» – Sam zeigte auf einen älteren Herrn mit sehr knapper kurzer Hose, Polohemd und weißen Socken –, «dann muss man sich doch verarscht vorkommen. Verarscht vom eigenen Leben!»

Sams Laune steckte mich irgendwann an. Auf Reisen will ich Reisende treffen, aber keine Mallorcatouristen. Die machen die ganze Atmosphäre kaputt. Wir verließen Angkor und Siem Reap deswegen auch schon nach zwei Tagen.

«Too many tourists», sagte Sam mit seinem harten israelischen Akzent.

Wir sind jetzt beide seit vier Tagen hier am Boeung-Kak-See. Jeden Abend liegen wir in der Hängematte, trinken Bier und schauen aufs Wasser hinaus. Früher oder später fängt Sam dann an zu erzählen, wie er barfuß mit dem Sadhu durch den Himalaja gelaufen ist. Der Sadhu, sagt er, habe doppelt so lange Dreads wie er gehabt und außer einem Lendenschurz nichts getragen. Er habe ihm spezielle Atemtechniken beigebracht, mit denen die Sadhus selbst die frostigen Temperaturen im Himalaja ganz gut überstehen könnten. Irgendwann aber habe ihn der Sadhu zu einem befreundeten Schneider gebracht, wo Sam, der die Atemtechnik nicht ganz beherrschte, eine Ziegenfelljacke für 100 Dollar gekauft habe. Anschließend habe er seine Schuhe in eine Schlucht geworfen und geschworen, bis zum Ende seiner Reise nie wieder welche zu tragen. Die Ziegenfelljacke hat Sam noch immer, aber dafür ist es jetzt viel zu heiß.

Unser Guesthouse trägt den Namen Cloud No. Nine. Es soll das älteste Hostel der Stadt sein. Die Herberge ist aus Holzplanken und Sperrholzplatten zusammengezimmert. Sie ragt vom Ufer weit auf den Boeung Kak hinaus. Auf dem See, der mitten in Phnom Penh liegt, treiben außer den Schlingpflanzen noch sehr viele Plastiktüten und alte Benzinkanister. Die Zimmerwände im Cloud No. Nine sind sehr dünn. Man hört eigentlich jedes Wort aus dem Nebenzimmer. Gestern Nacht fragte eine kambodschanische Semiprostituierte, wo ihr Freund, ein Engländer, den ganzen Tag gewesen sei.

Er sagte: «Ich war auf der Shooting Range.»

Die Shooting Range ist ein Überbleibsel aus dem Bürgerkrieg, der fast 20 Jahre lang im Land wütete. Dort kann man gegen ein paar Dollar mit verschiedenen Waffen auf belebte und nichtbelebte Objekte schießen. Die Preise richten sich nach der Größe der Waffe und der Größe des Tieres. Mit einer Panzerfaust auf eine Kuh zu schießen, soll 60 Dollar kosten.

«Oh», antwortete das Mädchen. «Hast du mit einer Panzerfaust auf eine Kuh geschossen?»

«Nein, ich hatte nicht mehr viel Geld. Ich konnte mir nur ein Huhn leisten.»

Man hört auch alle Klogeräusche. Eine Kanalisation gibt es nicht. Alles geht direkt in den See. Das Guesthouse Cloud No. Nine ist ein kleines bisschen berühmt. Ich weiß nicht, wofür. Aber im Gegensatz zu anderen Hostels kommen tagsüber Leute, einfach nur, um hier auf der Terrasse herumzuhängen. Wahrscheinlich liegt es daran, dass Cloud No. Nine im *Lonely Planet* vermerkt ist und die Nachbarhostels nicht.

Jedenfalls sind sogar Urlauber mit Rollkoffern darunter. Irgendwo müssen sie von dem Hotel gehört haben. Vielleicht hat man ihnen gesagt, der Blick auf den See sei besonders schön, was nicht stimmt – der Ausblick ist nicht schlecht, aber auch nicht umwerfend. Vielleicht kommen sie, um sich verrückte Backpacker anzuschauen, oder sie kommen wegen der Prostituierten. Im Cloud No. Nine hängen nämlich auch Nutten herum. Auch das ist ungewöhnlich, denn in fast allen Ländern sind Backpacker und Prostituierte strikt voneinander getrennt. Backpacker wollen mit Touristen nichts zu tun haben, und Sextouristen hassen sie geradezu. Hier aber trudeln nachmittags ganze Gruppen von

Mädchen ein, sitzen auf der Couch, rauchen Zigaretten und trinken Wodka mit thailändischem Red Bull.

Es gibt sehr viele Prostituierte in Phnom Penh, muss man wissen. Prostitution ist wirklich ein großes Problem in der Stadt. Gestern fuhren Sam und ich mit einem Motorrad durch die Stadt. Wir sahen ganze Viertel voller Baracken mit geschminkten Mädchen. Vielleicht kommen die Prostituierten wegen der Touristen ins Hostel oder die Touristen wegen der Nutten. Das ist ein Henne-Ei-Problem. Auf jeden Fall sind beide Gruppen hier vorhanden, direkt neben uns.

Der Typ in dem Poloshirt fragt jetzt: «How long are you travelling for?»

Sam schweigt. Der Typ im Poloshirt sagt, er sei für drei Wochen unterwegs, zwei davon in Thailand und eine in Kambodscha.

Sam hustet nun, als hätte er sich an seinem Reisgericht verschluckt. Er nimmt einen Schluck Bier, rülpst laut und isst weiter.

Trotz der gutgemeinten Versuche des Typs in Poloshirt kommt die Konversation nicht so recht in Schwung. Ich bin müde und nicht in Redelaune, und Sam schmatzt und grunzt weiter vor sich hin. Er ignoriert den Typen in dem Poloshirt aktiv. Als die Sonne vollends im Boeung Kak versunken ist, taucht eine Gruppe Engländer auf und beginnt, ein Trinkspiel zu veranstalten.

Der Typ im Poloshirt setzt sich zu den Engländern und findet dort schnell Anschluss, indem er grinst und trinkt und sagt: «Where are you from?»

«England», antwortet die Gruppe im Chor.

«England?», sagt der Typ im Poloshirt. «Ohhhhh, that's great! Really, I love England!»

Sam und ich sind uns einig, dass das ein verdammt blöder Ausspruch ist. Warum sollte jemand ein ganzes Land pauschal gut finden? Wo soll das aufhören, wenn man einmal anfängt, ganze Länder gut zu finden? Sagt man dann auch irgendwann: «Luft? Wahnsinn, finde ich total geil!» Oder: «Hey, du trinkst Wasser? Ich liebe Wasser!» Wasser, Luft und Länder sind viel zu allgemein, um sie gut zu finden. So etwas sagt man nur, wenn man sich einschleimen will. Der Typ in dem Poloshirt hat anscheinend genau das nötig. Sein Road-Status ist bei knapp über null angekommen. Wir sind der Meinung, er hat in diesem Land nichts verloren. So ein Typ gehört ins Trolleyland.

Sam und ich schweigen einige Zeit in unseren Hängematten, dann murmle ich: «Drei Wochen … Lohnt sich doch überhaupt nicht. Wäre er mal lieber nach Ibiza oder Rimini geflogen, der Idiot.»

Sam trägt noch immer seine Sonnenbrille, obwohl es längst finster ist. «Ich rede nicht mit Leuten, die weniger als drei Monate unterwegs sind. Urlauber beschäftigen sich doch überhaupt nicht mit dem Land, durch das sie reisen. Die kommen für drei Wochen, gehen in ein teures Hotel und machen eine organisierte Rundreise mit. Und außerdem: Wer nur drei Wochen wegfährt, hat doch bloß nicht die Eier, zu kündigen oder sich mal eine Auszeit zu nehmen.»

«Und sie machen Leuten wie uns die Preise kaputt», pflichte ich ihm bei. «Die verballern 2000 Euro in drei Wochen, obwohl man mit 600 locker auskommen könnte. Die haben das ganze Jahr gearbeitet, und jetzt müssen sie das Geld loswerden, damit sie das Gefühl haben, die Arbeit hätte sich irgendwie gelohnt.»

«Solche Typen müssen alles im Voraus planen. Die können sich gar nicht treiben lassen. Die müssen genau wissen, wann sie wohin fahren. Ich glaube, der da hat sogar seine Hotels im Voraus gebucht. Der kann jetzt nicht einfach nach Malaysia, selbst, wenn der das Geld hat. Der muss weiter in Kambodscha bleiben, weil er es eben vorher so geplant hat.»

«So will man doch nicht reisen. Und wie umständlich das sein muss, ständig mit diesem Samsonite-Koffer herumzulaufen. Der kann einem doch leidtun, schon mal deswegen, weil er nur verarscht wird.»

«Mit einem Sadhu durch den Himalaja laufen – das könnte der Typ ja gar nicht. Kein Sadhu nimmt einen Rollkoffer mit. Viel zu materialistisch!»

Den Urlauber empfindet der Backpacker als Parasiten, als Nutznießer und als Pseudo, der mal schnell für zwei, drei Wochen den Hauch der großen Freiheit schnuppern will, um dann daheim damit angeben zu können, auch mal Backpacking ausprobiert zu haben. Der Backpacker ist der Meinung, der Urlauber störe und zerstöre mit seinen Kurztrips die Infrastruktur des Banana-Pancake-Pfads. Der Urlauber nämlich macht mit seinem ungleich höheren Budget die Preise kaputt, er feilscht nicht, er bezahlt, ohne zu zögern, jeden Preis, den ihm die Einheimischen nennen, und glaubt, ein Schnäppchen gemacht zu haben. Er ist faul, saturiert, hat zu viel Geld und keine Ahnung. Der Backpacker ist ein Straßenköter, der Urlauber ein überzüchtetes Schoßhündchen. Die meisten Backpacker sind der Meinung, Urlauber sollten unter ihresgleichen bleiben. Sie sollen nach Mallorca und Südfrankreich reisen, Pauschalurlaube in Ägypten und auf den Kanaren buchen, in abgeschlossenen All-inclusive-Clubs gepampert und auf organisierten Touren zu alten Tempeln geführt werden. Aber sie sollen nicht versuchen, auf dem Pancake-Pfad zu wandeln.

Der Urlauber auf dem Pancake-Pfad ist ein blutiger Anfänger und wird es immer bleiben. Er ist der ewige Achtklässler, der sich in der großen Pause zu den Zehntklässlern zum Rauchen stellt und doch nur pafft. Der Backpacker straft den Urlauber deswegen im besten Fall mit freundlicher Ignoranz, auf jeden Fall aber doch mit Arroganz. Erst ab einer Reiselänge von drei Monaten wird der Reisende von der Community als vollwertiges Mitglied akzeptiert. Ab sechs Monaten Backpacking darf man sich zum inneren Kreis zählen, ab einem Jahr gilt man als Veteran. Kurzum: Je länger man unterwegs ist, desto höher der Road-Status.

Außerdem sollte man verwegen aussehen und vergammelte Sachen tragen. Anders Sørensen beschreibt in seiner Arbeit *Backpacker ethnography*, wie er in Neuseeland einen Amerikaner aus der Dusche kommen sieht, der nur noch einen Fetzen am Leib trägt:

«‹Why doesn't he throw that rag away, it's not worth washing one more time.› But she said: ‹Oh no, he's very proud of that shirt. They've been through a lot together!› And then we couldn't help giggling, because in a way it is so ridiculous. But here I am, trying to repair one of my own T-shirts and if it were back home I'd throw it away immediately. I guess the ‹fine feathers make fine birds› applies to travelers as well although it's upside down.»[22]

Traveller mit hohem Road-Status können außerdem am laufenden Band Anekdoten über überstandene Durchfallerkrankungen und hässliche Infektionen erzählen. Sie zahlen immer die niedrigsten Preise, auch, wenn sie dafür eine halbe Stunde lang feilschen müssen. Und sie haben Orte bereist, die noch nie ein Pauschaltourist zu Gesicht bekommen hat.

«In Kathmandu habe ich einen Typen getroffen, der seit drei Jahren unterwegs war», sagt Sam. «Der ist zu Fuß von Berlin nach Indien gelaufen.»

«Krass», sage ich.

«Und in Guatemala kannte ich einen Iren, der war seit fünf Jahren auf Reisen. Der hat Edelsteine in Pakistan gesucht und sich so seine Reisen finanziert.»

«In Bangkok war so ein 50-jähriger Typ in meinem Hostel, der war seit 15 Jahren unterwegs. Der kannte die Khaosan schon, als es nur zwei Hostels gab», ergänze ich.

«In Indien», hebt Sam an …

Und so geht es noch die ganze Nacht, bis Sam irgendwann wieder bei seinem Guru angekommen ist. Die Schlingpflanzen sind nun direkt vor uns, es ist als begänne dort, wo der See ist, eine große Wiese.

Hinter uns grölen und lachen die Engländer, und mittendrin sitzt der Poloshirttyp, während wir das «Mein Haus, mein Boot, mein Auto»-Spiel der Backpacker spielen. Bis auf Sam und mich lachen alle. Sogar der Samsonite-Koffer scheint zu grinsen.

Der Abzocker

Ort: Neu-Delhi, Indien

«No hotel in Delhi today. Also tomorrow no hotel, everything booked out. So very sorry!»
Lakshmi

Es ist drei Uhr nachts, als Lakshmis Cousin Gopal mit dem Firangi kommt. Lakshmi hat ein paar Stunden auf der Matratze im Hinterzimmer des Reisebüros gedöst. Richtigen Schlaf hat er nicht gefunden, denn alle halbe Stunde klingelt das alte, schwarze Telefon mit der Wählscheibe unter der Indienkarte. In dem Raum stehen ein kleiner Schreibtisch, den Lakshmi mal wieder abwischen könnte, zwei Stühle und ein Ventilator, der tagsüber vergeblich versucht, Lakshmi ein wenig Abkühlung zuzufächeln. Seitdem er mit 14 begonnen hat, im Reisebüro seines Onkels zu arbeiten, hat Lakshmi nicht mehr richtig geschlafen. Das war vor elf Jahren. Die einzige Zeit des Tages, in der er ohne Unterbrechungen zwei Stunden am Stück Ruhe findet, ist zwischen 13 und 15 Uhr nachmittags. Nachts kommt immer wieder sein Cousin mit einem oder mehreren Firangi.

Lakshmi streckt sich, reibt sich die Augen und sprüht sich zur Sicherheit etwas Deo unter die Achseln. Die Firangi stinken. Alle Firangi, die Lakshmi bisher in seinem Leben zu Gesicht bekommen hat, riechen schlecht. Anfangs hat er es auf die langen Flugzeiten von Europa, Australien oder den USA her geschoben, aber mittlerweile glaubt er, dass Weiße einfach immer müffeln. Sogar ihre Frauen, die herumlaufen wie ... jedenfalls nicht wie anständige Hindu-Frauen, sogar die riechen streng. Wenn Lakshmi eine Firangi-Frau sieht, muss er sich immer noch zusammenreißen. In seinem Land, in Indien, kleiden sich nur die Prostituierten und die Hijras, die Angehörigen des dritten Geschlechts, so. Mittlerweile hat er gelernt, dass in den Ländern, aus denen die Firangi kommen, andere Sitten herrschen und dass eine Firangi-Frau tatsächlich nicht automatisch von jedem Mann bestiegen werden kann. Nie aber würde er wollen, dass seine eigene Frau einmal halbnackt wie sie durch Delhi läuft.

Ebenso, wie Hunderte von Begegnungen Lakshmis mit Weißen sein Urteil vom schlechten Geruch der Firangi und der Unzüchtigkeit ihrer Frauen geformt haben, ist es für ihn eine empirisch erwiesene Tatsache, dass alle Weißen reich und dumm sind. Sie zahlen überteuerte Preise, sie lassen sich in Schuhfabriken und Teppichläden führen, sie laufen spärlich bekleidet durch die Mittagssonne. Manchmal fragt er sich, wie eigenartig die Länder des Westens wohl beschaffen sein müssen, dass dort Dumme reich werden können, denn in seinem Land sind dumme Menschen arm. Vielleicht leben dort tatsächlich alle Menschen in geräumigen Einfamilienhäusern, fahren drei Autos und verdienen Tausende von Dollar, Euro und Pfund. Vielleicht stapelt sich in diesen Ländern der Reichtum derart, dass sogar die Dümmsten der Dummen der Weißen reicher sind als die Schlausten der Schlauen der Inder. Vielleicht ist der Westen tatsächlich so, wie ihn die Firangi-Filme zeigen. Eine komische Welt ist das, denkt Lakshmi, nicht gerade gerecht, wenn die Dummen reicher sind als die Schlauen. Aber letztlich ist es ihm auch egal, ob es nun gerecht oder ungerecht auf der Erde zugeht. Er hat die Welt nicht gemacht, er ist eben an diese Stelle in Delhi geboren worden. Wie jeder Mensch hat er eine Aufgabe bekommen, die er gut oder schlecht erfüllen kann. Erfüllt er sie gut, so wird er im nächsten Leben vielleicht als Firangi wiedergeboren. In diesem Leben aber ist es Lakshmis Aufgabe, von der Dummheit der Firangi zu profitieren.

Sein anderer Cousin, Nishan, arbeitet jetzt in einem Callcenter. Nishan ist ein reicher Mann. Er verdient jetzt 300 Dollar im Monat. Und er kann den ganzen Tag sitzen und muss nicht körperlich arbeiten. Er kann sehr gut Englisch. Er hat Lakshmi erzählt, dass er jeden Tag Amerikaner anrufen muss, um ihnen zu sagen, dass sie ihr Konto überzogen haben. Nishan sagt, nicht alle Firangi haben Geld. Manche von denen, die er anruft, jammern am Telefon herum und sagen, sie wären selbst arm. Lakshmi glaubt das nicht so recht: Alle Firangi, die er kennt, haben mehr Geld als er. Sie haben technischen Schnickschnack – iPods, iPhones, manche tragen sogar einen Laptop mit sich herum. Sie fahren den ganzen Tag mit dem Taxi durch die Gegend und essen immer in einem Restaurant. Ein Großonkel von ihm hat ein kleines Restaurant auf dem Main Bazaar, dort wo alle Firangi hingehen, um zu schlafen, zu essen und Alkohol zu trinken. Einmal ist Lakshmi dort gewesen. Das Essen in dem Restaurant ist sehr, sehr teuer und sah irgendwie komisch aus, jedenfalls nicht indisch, obwohl der Großonkel es als «original Indian food» verkauft.

Wie immer tut Lakshmi so, als würde er seinen Cousin Gopal nicht kennen, als der mit dem Weißen erscheint. Er setzt sein freundlichstes und unschuldigstes Lächeln auf und schüttelt die Hand des Weißen. Eine Fettschicht aus schlechtem Schlaf, Flugzeugluft und Delhi-Smog glänzt auf dem Gesicht des jungen Mannes. Er sieht genervt aus und verlangt von Lakshmis Cousin seinen Rucksack aus dem Kofferraum. «Immer diese Rucksäcke», denkt Lakshmi. «Ein seriöser, intelligenter Herr würde mit einem Koffer reisen. Er würde außerdem kein lächerliches T-Shirt tragen und Schuhe, keine Gummisandalen.»

Jetzt spult Lakshmi sein Programm ab. Nacht für Nacht ist es dasselbe: Sein Cousin fängt die Bleichgesichter schon am Flughafen ab und lotst sie in sein Taxi. Alle wollen sie zum Main Bazaar, dorthin, wo all die Billigabsteigen sind. Doch Lakshmis Cousin erzählt ihnen jedes Mal, alle Zimmer seien ausgebucht. Die müden Firangi sind dumm und gutgläubig, und sollte einer einmal misstrauisch werden, fährt Gopal sie in eine Seitenstraße des Bahnhofs, dahin, wo die Bettler und Aussätzigen herumlungern. Er deutet nach draußen und sagt zum Firangi: «Here is Main Bazaar, you want to exit?» Die Firangi kriegen Angst und wollen nicht aussteigen. Am Ende landen sie dann alle bei Lakshmi. Lakshmi ist sehr freundlich, und die Firangi denken: Endlich mal ein netter Inder, dem kann ich vertrauen! So funktioniert das Geschäft.

«Welcome to Ganesha Travel Agency. You are in safety now», sagt Lakshmi und grinst, so breit er kann.

Der Firangi lächelt. Das ist ein gutes Zeichen, er ist naiv. Firangi, die lächeln, sind immer gutgläubig. Der Firangi sieht aus, wie alle aussehen: Er trägt eine lange Hose mit vielen Taschen an den Seiten, ein blaues, verschwitztes T-Shirt, auf das irgendetwas aufgedruckt ist, und Flipflops. Er hat blaue Augen und kurze braune Haare. Der Firangi denkt sicherlich: Endlich ein Inder, der mich nicht verarscht. Einer, der die Wahrheit sagt, ob in dieser X-Millionen-Stadt wirklich wegen eines Feiertags alle Hotels ausgebucht sind. Müde, aber doch erwartungsvoll sitzt er vor ihm, sieht ihn aus großen blauen Augen an und umklammert ein blaues Buch mit seinen Händen.

«Sorry, mister. Your taxi driver is right: No hotel in Delhi today. Also tomorrow no hotel, everything booked out. So very sorry!»

Verrückt, was? In ganz Delhi gibt es heute Nacht kein einziges freies Zimmer mehr – wegen des Feiertags. Es ist das größte Fest in Indien.

«You do not know very important celebration? Very, very big in India!», sagt Lakshmi und lächelt.

Das Bleichgesicht deutet auf eine Adresse in seinem Reiseführer. Alle jungen Firangi reisen mit diesem Buch. *Lonely Planet* steht auf dem Buchrücken. In dem Buch, das weiß Lakshmi, wird vor Leuten wie ihm gewarnt. Ständig blättern sie in diesem Buch, als ob darin Brahmas Weisheit verkündet würde. Wenn es nach ihm ginge, würde er das Buch verbieten. Es ist geschäftsschädigend. Überhaupt muss man sagen, dass die älteren Firangi wesentlich angenehmer im Umgang sind. Sie sind besser gekleidet, haben mehr Geld und sind nicht so misstrauisch. Einer älteren Firangi-Frau, so um die 60, kann man fast alles erzählen und verkaufen. Sie glaubt einem immer. Alte Firangi-Frauen haben ein gutes Herz.

Alte Touristen haben auch Geld, sie kaufen Kitsch und reagieren auf zur Schau gestelltes menschliches Elend wie Tumore, fehlende Gliedmaßen und Ekzeme noch mit geldwertem Mitleid anstatt mit Gleichgültigkeit. Sie bezahlen immer den höchsten Preis, anstatt zu feilschen. Rucksacktouristen aber sind ein notwendiges Übel. Sie geben nicht mehr als 15 Euro am Tag aus, regen sich darüber auf, wenn sie den doppelten Preis bezahlen sollen, und fühlen sich wie Helden, wenn sie auf einem Markt den Preis auf die Hälfte gedrückt haben. Sie trinken Bier, sind laut, ihre Frauen kleiden sich wie Prostituierte und wundern sich dann, wenn man sie so behandelt. Ihre Haare sind verfilzt. Sie stinken, sind ungewaschen und wollen immer alles billig. Dabei könnten sie kleine Diebstähle, höhere Preise und Abzockereien doch einfach als das sehen, was sie sind: kleine Wiedergutmachungen für die Kolonialzeit oder Beiträge zur Entwicklungshilfe!

Lakshmi legt sich jetzt ins Zeug: Kein einziges Zimmer in ganz Delhi, das sei die Wahrheit. «Mister, you have really bad luck! Normally many, many, many, many hotels in Delhi, but today? Nooooo! Because of holiday!»

Aber er hätte da einen Vorschlag: Eine kleine Tour in den Norden nach Kaschmir, der schönsten Region Indiens! Mit Wanderungen, Ausflügen – alles gut organisiert von seinem Onkel für nur 500 Dollar! Noch heute Nacht könnte er nach Norden aufbrechen.

«We say in India Kashmir is paradise!», sagt Lakshmi.

Lakshmi redet und redet. Bald hat er das Bleichgesicht weichgeklopft. Sie sind immer müde, wenn sein Cousin Gopal sie zu ihm bringt. Müde, angeschlagen und unsicher: Opfer eben.

«I want my hotel. I don't wanna go to fucking Kashmir», sagt das Bleichgesicht plötzlich. Das Lächeln auf seinem Gesicht ist verschwunden. Ahnt er etwas?

Lakshmi grinst. «No hotel, mister. Everything booked out.»

«I want my hotel.»

«Mister», sagt Lakshmi. Es fehlt nur eine Unterschrift, und das Bleichgesicht würde noch heute von seinem Onkel nach Kaschmir gebracht. 500 Dollar für eine Tour, die nicht mehr als 100 Dollar wert ist! Die ganze Familie hätte genug Geld für zwei Monate.

«Mister! This is really great opportunity for you! You should take it!»

«I want my hotel», sagt das Bleichgesicht wieder. Und dann wiederholt es diesen Satz immer wieder – wie ein kleines trotziges Kind.

«Iwantmyhoteliwantmyhoteliwantmyhotel!»

Er merkt nicht einmal, wie lächerlich er sich dabei macht, denkt Lakshmi. Er ist ein Idiot, ein dummer, bleicher Idiot mit einer Fettschicht auf dem Gesicht. Einer, der noch nie richtig gearbeitet hat, der mit dem Geld seines Vaters nach Indien reist, um herumzugammeln, am Ende nach Goa zu den verrückten

Hipppies fährt und einer von denen wird, die gar nicht mehr heimkehren. Nur leider ist er sehr stur.

Der Firangi blättert wieder in diesem verdammten, besserwisserischen blauen Buch herum. Er deutet auf ein Hotel. Er sagt: «This is my hotel! I want to go there!»

Tatsächlich steht doch in diesem Buch die Telefonnummer des Hotels. Der Firangi will dort anrufen. Gut, denkt sich Lakshmi, wenn der Firangi glaubt, er ist schlauer als Lakshmi, soll er es eben glauben. Er hat da noch andere Tricks auf Lager, von denen der Firangi keine Ahnung hat.

«You want make phone call?», fragt er.

Der Firangi nickt.

«Give me number, give me book!»

Er ist stur, der verschwitzte Firangi, aber nicht schlau, denn er gibt das Buch aus der Hand und sieht gar nicht, welche Nummer Lakshmi wählt. Lakshmi wählt nicht die Nummer des Hotels, sondern die seines Onkels Jeevan. Er sagt auf Hindi, ein blöder Firangi sitze vor ihm und wolle nicht glauben, dass alle Hotels in Delhi ausgebucht sind, das Übliche eben. Dann gibt er dem Firangi den Hörer.

Der will etwas sagen, aber da brabbelt Onkel Jeevan schon los: «We very sorry, Mister. No room left, everything full. Because of national holiday!»

Genervt gibt ihm der Firangi den Hörer zurück.

«You see», sagt Lakshmi jetzt. «You would like to go to Kashmir now? You can start tonight. You are there tomorrow.»

Doch der Firangi schüttelt den Kopf. Er will es nicht glauben, er hat es immer noch nicht gefressen. Lakshmi ärgert sich jetzt langsam. Säße doch eine ältere Firangi-Dame vor ihm und nicht so ein stinkender, neunmalkluger, misstrauischer Esel von Mensch. Der deutet jetzt schon wieder auf sein Buch. Er will ein anderes Hotel anrufen. Gut, denkt sich Lakshmi. Wieder nimmt er ihm das Buch aus der Hand, wieder wählt er eine Nummer, diesmal die seines Bruders Paneer, und wieder erzählt er ihm auf Hindi, was er dem Firangi sagen soll.

«No Mister, we are full. Very sorry.»

«You see, mister? I not lie to you! It is very true!»

Doch der Firangi blättert weiter in seinem Buch. Darin stehen Dutzende Hotels. Will er die alle durchtelefonieren? Will er sich nicht von Lakshmi beraten lassen? Ist der Firangi am Ende von einem bösen Geist besessen, der ihm Misstrauen und Zwietracht einflößt?

Lakshmi hat nicht mehr so viele Verwandte, die er anrufen könnte. Wenn gleich wieder sein Onkel Jeevan spricht, schöpft er am Ende noch Verdacht, dieser Fettgesichtsesel. Gut, gut, wenn der Firangi schon partout nicht nach Kaschmir fahren will, dann soll er heute Nacht wenigstens im Hotel Madhukars, des Mannes der Schwester der Frau seines Bruders, übernachten und nicht bei irgendeinem Pakistani-Moslem-Idioten.

«Mister!», sagt Lakshmi und legt noch einmal all seine Freundlichkeit und seinen Charme in einen Gesichtsausdruck. «I have idea. Maybe I can help you!»

Lakshmi macht einen Anruf, und diesmal sagt er Madhukar auf Hindi, er habe hier einen störrischen Firangi, den er noch heute Nacht zu ihm bringen könne. Dann sagt er zu dem Bleichgesicht: «You are very lucky – my uncle just said he has one room left!»

Der Firangi verschwindet mit Lakshmis Cousin Gopal, und Lakshmi legt sich wieder auf die zerschlissene Matratze im Hinterzimmer, um noch ein, zwei Stunden zu dösen. Es werden neue Fettgesichtsesel kommen. Das ist so sicher wie das Aufgehen der Sonne am Ende der Nacht. Jeden Tag kommen sie, stinken, sind dumm und zahlen. Manche fahren nach Kaschmir, viele landen im Hotel des Mannes der Schwester der Frau seines Bruders, wenigen ist überhaupt nicht zu helfen. Manchmal, wenn er wieder aus dem Schlaf gerissen wird, beneidet er seinen Cousin Nishan. Der arbeitet zwar auch nachts, weil die Firangi in den USA, die er anrufen muss, nur dann wach sind. Aber immerhin trägt er einen Anzug und sitzt in einem klimatisierten Büro. Mit einem Anzug, glaubt Lakshmi, und einem ordentlichen Gehalt von mehreren hundert Dollar im Monat könnte er vielleicht auch einmal eine Frau finden … Wie dem auch sei, denkt Lakshmi noch, alles wird passieren. Dann schläft er ein.

Am nächsten Tag wache ich in einem Hotel am Stadtrand auf. Das Zimmer kostet das Dreifache der im *Lonely Planet* angegebenen Preise. In der Lobby lerne ich drei Kanadier kennen. Der Hotelier muss lachen, als wir ihn fragen, was es mit diesem Feiertag auf sich habe. Das sei die übliche Tour, um Touristen eine Reise nach Kaschmir zu verkaufen. Wir nehmen uns ein Taxi in die Innenstadt und suchen uns ein billiges Zimmer.

You like boom boom?

Ort: Pattaya, Thailand

«… more than grungy, it was dirty, and so filled with old guys picking up prostitutes, that I was continuously disgusted. We left really quickly and headed to Koh Kong (which we loved) but heard good things about the lower area.»
Akila[23]

Sextourismus findet in Thailand vor allem an drei Orten statt: Bangkok, Phuket und Pattaya. Bangkok ist für Backpacker unvermeidbar, weil sich hier der internationale Flughafen befindet. Aber die «pussy ping pong shows», in denen Frauen alles Mögliche in ihre Vagina stopfen, um es dann vor größtenteils männlichen Zuschauern aus dem Westen wieder herauszuziehen, finden im Viertel Patpong statt, und das ist weit weg vom Backpackerghetto Banglamphu. Phuket und vor allem Pattaya aber werden von Rucksacktouristen gemieden wie Rollkoffer und TUI-Reisen. Den einen oder anderen mag es durch widrige Umstände oder einen Tauchkurs nach Phuket verschlagen. Pattaya am Golf von Thailand, etwa drei Busstunden von Bangkok entfernt, ist jedoch absolute Backpackersperrzone.

Pattaya ist eigentlich ein gigantischer Puff mit angeschlossenem Altersheim. Der Ort hat etwa 100 000 Einwohner, ein Fünftel davon sind Deutsche. Die Dichte an Gogo-Bars, gewöhnlichen Bordellen und Clubs, in denen Pussy-Pingpong-

Shows stattfinden, ist so hoch, dass der Ruf «Hey, sexy man!» zum Hintergrundrauschen verkommt. Pattaya ist der Ort, an den deutsche Rentner Großpackungen Viagra mitnehmen, dann aber zu besoffen sind, um sie zu benutzen. Der Reporter Alexander Osang stellte vor einigen Jahren im *Spiegel* den «kleinen Heinz» vor, einen daueralkoholisierten, kettenrauchenden Greis, der hier mit weiteren 20 000 deutschen Senioren seinen Lebensabend verbringt, bild.de liest und nachmittags Schwarzwälder Kirschtorte isst. Ab und zu, wenn es denn dank Viagra klappt, besteigt er eine 18-Jährige aus dem Hinterland, die von ihrer Familie hierher verkauft wurde. Kurzum – Pattaya ist der Sündenpfuhl schlechthin, ein modernes Sodom und Gomorrha, in dem Ausbeutung, Kulturimperialismus, Kapitalismus und Sexismus zusammentreffen und die *Bild*-Zeitung omnipräsent ist. Die Stadt ist ein einziges Stereotyp an Widerlichkeiten, menschlichen Abgründen, Neonreklamen, Bratwürsten mit Sauerkraut und Schwarzwälder Kirschtorten.

Backpacker hassen Sextouristen. Sie hassen Sextouristen, wie Occupy-Wallstreet-Aktivisten Hedgefonds-Manager hassen oder Greenpeace-Mitglieder japanische Walfänger. Sextouristen stehen in den Augen der Backpacker für das personifizierte Böse: für Bierbäuche, die *Bild*-Zeitung, Tennissocken in Sandalen, Ausländerfeindlichkeit, Neokolonialismus, totale Ignoranz. Sollte es einer aus ihrer Mitte wagen, mit einem einheimischen Mädchen am Strand spazieren zu gehen, hat dieser Kerl sich für alle Zeiten diskreditiert. Er hat sich als Schwein geoutet. Genauso gut könnte er sagen: «Krieg? Finde ich geil!» oder «Ich stehe voll auf Umweltverschmutzung» – es würde die Runde nicht weiter verwundern. Das Opfer des «Schweins» wird von Backpackern ebenfalls ignoriert. Mit einem solchen Paar nämlich bricht das ganze Elend, die Niederträchtigkeit und der Materialismus der Dritten Welt in den romantischen Globetrottertraum ein. Die meisten entscheiden sich deshalb für das Ausblenden solcher Abhängigkeitsverhältnisse. Kaum ein Backpacker hat Pattaya je gesehen.

Seitdem ich in Thailand angekommen bin, warnen mich Backpacker vor diesem Ort. «Fahr nicht dorthin, es ist die Hölle!», sagt ein Schwede, der auf der Rückreise von Kambodscha dort eine Nacht abgestiegen ist. «Mit Thailand hat das nichts zu tun, kulturell gibt es nichts zu sehen – nur besoffene Deutsche und Russen auf Jetskis», gibt eine Deutsche zu bedenken, die allerdings nicht selbst dort war. «Da werden Kinder an fette Deutsche verkauft. It is absolutely disgusting!», weiß eine Engländerin, die im *Guardian* einen Artikel über Sextourismus gelesen hat. Ist Pattaya also nichts als ein ständig reproduziertes Klischee? Ein Un-Ort der Phantasie, der sich längst von der Realität abgekoppelt hat?

Ich habe zu viel Zeit. Mein Rückflug geht erst in sechs Wochen. Ich habe gefühlte 745 buddhistische Tempel besichtigt und 1356 E-Mail-Adressen gesammelt. Ich mag keine Sehenswürdigkeiten mehr sehen oder in Gummireifen mit einem Bier in der Hand den Mekong hinunterschippern. Ich will etwas ganz anderes. Ich fahre nach Pattaya, für drei Tage. Nur zum Schauen, nicht zum Vögeln.

Im Bus sitzen tatsächlich viele dicke deutsche Männer, Russen, aber auch eine Familie mit Kind. Die zweite Gruppe, die Sextouristen meidet, sind Familien mit Kindern. Jemand, denke ich und meine die Backpacker, hat übertrieben. Es ist später Nachmittag, als wir ankommen. In Pattaya gibt es keine Hostels, weil es ja auch keine Backpacker gibt. Der Ort besteht größtenteils aus Bettenburgen, auf denen kyrillische oder lateinische Buchstaben prangen. Ich finde eine düstere Absteige drei Blöcke vom Strand entfernt für 200 Baht die Nacht und mache anschließend einen Spaziergang.

«Hey, sexyyyyyyy man!», kreischt mich etwas von der Seite an. Drei grell geschminkte Mädchen in sehr knappen Kleidern rennen aus einer «Boom-Boom-Bar» auf mich zu. Sie packen mich an Händen und Armen und versuchen, mich in die rosarote glitzernde Bar zu zerren. Aus dem Inneren dröhnt Thai-Pop, der wie eine Mischung aus DJ Bobo und Pekingoper klingt.

Ich grinse, aber nur, weil ich gelernt habe, dass man in Thailand ohne Grinsen gar nichts erreicht, und sage höflich: «No, thanks!»

Die drei Mädchen ziehen eine Schnute.

«Oh, come on!»

«Very cheap!»

«You are so handsome!»

Ich schüttle den Kopf und gehe weiter.

Die nächste Bar ist etwa 30 Meter entfernt.

«Hey youuuuuuuuuuuuuu!», brüllt eine Mittdreißigerin und winkt mit einem Eimer, der normalerweise mit Red Bull und Wodka gefüllt wird.

Ihre Kollegin, ein sehr jung aussehendes Mädchen in einem traditionellen thailändischen Seidenkleid, plärrt einfach nur: «Sexyyyyyy!»

Die beiden, eine Dritte in einem sehr knappen neongrünen Bikini im Schlepptau, stürmen auf mich zu und reißen umstandslos an meinen Unterarmen, Händen und an meinem T-Shirt.

«Oh, come on!»

«Very cheap!»

«You are so goodlooking!»

«Thanks», sage ich und glaube, dass das noch viel zu höflich ist.

«Come on, you make boom boom very cheap!», sagt das Mädchen in dem knappen neongrünen Bikini.

«You can make boom boom with two or three of us», sagt die Mittdreißigerin, und die Junge in dem traditionellen Kleid grinst.

Ich schüttle ihre Hände ab und gehe weiter.

Für drei Minuten ist Ruhe. Ich kann den Strand und das Meer und einen Wasserskifahrer sehen. Plötzlich packt mich eine kühle Hand von hinten. Ich erschrecke, drehe mich um und blicke in ein bleich geschminktes Gesicht.

«So good to see you again! How are you?»

«Okay», antworte ich.

«You look awesome. I am so happy that you came back to me. I love you, let us have a drink!»

Ich habe diese Person noch nie zuvor gesehen, aber für diese Erkenntnis brauche ich einige Sekunden. Sie hat meine Hand genommen und zerrt mich in Richtung Bar.

«I forgot your name», sage ich, obwohl ich ihren Namen noch nie gehört habe.

«Doesn't matter. Very cheap!», sagt sie, und ihre Kollegin stellt zwei Singha-Bier auf den Tresen. Gerade, als sie die Flaschen öffnen will, reiße ich mich los.

«Please, stay!», ruft die Bleichgeschminkte. «Please, I love you very cheap! You are so sexyyyy!»

Natürlich komme ich ins Grübeln. Auch wenn das Argument «Jeder denkt daran, und wer behauptet, nicht daran zu denken, lügt» nicht zu widerlegen ist und deshalb als Argumentationsstrategie ausscheiden sollte, glaube ich: Jeder denkt daran, und wer behauptet, nicht daran zu denken, lügt. Ich bin allein, niemand kennt mich, niemand würde je davon erfahren, dass ich mit drei thailändischen Mädchen geschlafen habe und ihnen anschließend dafür einen Betrag gegeben habe, der als *quantité négligeable* in der Erinnerung erst gar nicht auftaucht. Es gäbe keinen Zeugen, und würde ich mich im Nachhinein für dieses

Erlebnis schämen, könnte ich es nach Belieben verdrängen, vergessen und mir einreden, es sei nie geschehen. Ich würde niemandem davon erzählen (außer vielleicht meinen besten Freunden und im Vollrausch jedem Fremden, den es interessiert oder auch nicht) und mich klammheimlich an diesem Erlebnis berauschen. Moralisch gesehen ist das natürlich eine Sauerei, aber auch nicht verwerflicher als Aktien leer zu verkaufen, Waffen zu exportieren oder Billigkaffee aus Dritte-Welt-Ländern zu erstehen. Das Elend kommt durch mich nicht in die Welt und hört durch mich nicht auf.

Was Backpacker viel mehr abschreckt als moralische Überlegungen, ist die ästhetische Dimension des Sextourismus. Ich sitze bei Klaus. Klaus lebt seit zwölf Jahren in Pattaya. Er verkauft Brathendl. Klaus trägt nichts außer Badeshorts und einer Hornbrille, die ihn aggressiver aussehen lässt, als er vielleicht ist. Auf dem Tresen liegt die *Bild*-Zeitung von vorgestern. Warum er Brathendl an einem Ort verkauft, dessen Durchschnittstemperatur bei 30 Grad Celsius liegt? «Die Asiaten lieben Hühnchen», sagt er.

Klaus ist hier wegen einer Thailänderin. Dabei hasst er Thai-Frauen. Mittlerweile. «Die sind alle verschlagen, verlogen und total berechnend. Die wickeln dich erst um den Finger, und anschließend nehmen sie dich aus wie eine Weihnachtsgans. Ich habe meine Frau vor 13 Jahren hier in Pattaya in einer Bar kennengelernt. Hab Urlaub hier jemacht.»

Klaus zündet sich eine HB-Zigarette an und nimmt einen Schluck Pils. Seine Augen sind rot. Vom Weinen, vom Saufen?

«Total verliebt waren wir. Sie wollte unbedingt mit mir nach Deutschland, also sind wir zu mir nach Berlin geflogen, in den Wedding. Da war auch noch gut, war 'ne gute Hausfrau, und auch im Bett lief allet jut, sie wollte aber kein Deutsch lernen. Hat sich allet jeändert, als das Kind da war. Plötzlich hat die ständig Stress gemacht, wollte zurück nach Thailand.»

Klaus willigte schließlich ein, die drei zogen zu der Familie seiner Frau in ein kleines Dorf in den Norden Thailands.

«Ich konnte kein Wort Thai, die hat mich plötzlich komplett ignoriert. Ick sollte für die ganze Verwandtschaft zahlen. Ick mein, ick bin doch nicht die Melkkuh.»

Und jetzt?

«Keenen Kontakt mehr. Det Kind seh ich auch nicht mehr. Ich sag es dir, lass die Finger von den Weibern hier.» Klaus macht eine bedeutungsschwangere Pause, dreht einen Hühnerspieß um 90 Grad und drückt seine HB im Aschenbecher aus. Dann sieht er mich aus seinen kleinen roten Augen an: «Die wollen nur deine Kohle, Junge!»

Neben mir sitzt Horst. Er sagt, dass alle ihn hier «Onkel Horst» nennen, warum, weiß er nicht mehr.

«Ich weiß schon, warum!», sagt Klaus.

Horst raucht auch HB, trinkt aber Singha. «Ist nicht verkehrt, das Bier, das sie hier machen. Ist nicht verkehrt», sagt er. Er trägt einen Schlapphut und ein kurzärmeliges Hawaiihemd, das er nicht zugeknöpft hat und das überhaupt keine Anstalten macht, seinen imposanten, behaarten Bierbauch zu verhüllen.

«Er hat recht, der Klaus», sagt Onkel Horst. «Bei den Weibern musst du aufpassen hier. Die zocken dich ab, wo es nur geht.»

Ein Mädchen, dessen Körperumfang ein Viertel von Onkel Horst beträgt, schleicht kichernd um ihn herum. Onkel Horst tätschelt ihr den Hintern. «Ich zahl deswegen nie mehr als die Hälfte von dem, was sie anfangs wollen. Die verdienen sich sonst dumm und dämlich mit dir, die kleinen Biester.»

In einem Café neben meinem Hotel treffe ich Yves, einen Belgier. Er isst eine Portion Pommes und trinkt Heineken. Ich will wissen, ob man das Essen hier probieren kann. «Ich habe gehört, es ist überall Hund drin, und in jeder Küche wimmelt es vor Kakerlaken. Ich habe keine Lust, krank zu werden.»

Yves ist Anfang 40 und zum ersten Mal in Thailand. Er trägt ein beigefarbenes Hemd und eine beigefarbene Dreiviertelhose. Mit seinem ebenfalls beigefarbenen Schlapphut sieht er aus wie ein Abgesandter Leopolds II. auf Kolonialisierungsmission in Belgisch-Kongo. Zuvor hat er immer in Kenia Urlaub gemacht. «Super Frauen», sagt er, spitzt Zeigefinger und Daumen vor seinem Mund und macht ein Schmatzgeräusch. «Aber auf Dauer immer nur Schwarze – das ist langweilig. Ein erwachsener Mann braucht Abwechslung.» Bekannte aus einem Internetforum hätten ihm Pattaya empfohlen.

Am nächsten Tag versuche ich wieder, den Strand zu erreichen. Das Lächeln fällt mir nun schon schwerer. Ich will nicht unfreundlich sein, aber ich mag es nicht, wenn man an mir herumzerrt und mir so laut «sexyyyyy» ins Ohr brüllt, dass ich die nächsten fünf Minuten nur ein hohes Fiepen höre. Dieser Ort ist oversexed und overfucked.

Ich brülle zurück: «Let me go!»

Sie schreit: «Sexy man, come in!»

Ich schreie: «No!»

Sie: «Why not? Very cheap!»

Ich renne die Straße hinunter zum Strand. Alles scheint hier zu bumsen, und wenn es nur das «Boom Boom» des aus allen Etablissements dröhnenden Thai-Pops ist. Die Stadt ist eine einzige, grell geschminkte Hure. Ich schäme mich für Klaus und Onkel Horst und für mich selbst, weil ich Teil dieses Sündenpfuhls geworden bin.

Im Meer schwimmt eine Windel, Öl von einem Motorboot bildet Schlieren auf der Wasseroberfläche. Wo ist das schöne, entspannte, liebliche Thailand geblieben? Wo sind die bekifften Thai-Rastafaris, die den ganzen Tag Manu Chao und Bob Marley hören? Wo kann man unter einer Palme beim Rauschen des Meeres über den Sinn des Lebens oder die scheinbare Sinnlosigkeit einer deutschen Erwerbstätigkeit nachdenken? Hier ist alles so kaputt.

Ich setze mich in ein Internetcafé und entdecke auf dem Rechner das Computerspiel «Age of Empires III». Als ich wieder ins Freie trete, sind meine Hände und Füße eiskalt und meine Augen rot, und draußen ist es dunkel. Ich will zurück in mein Hotel.

Ich laufe bis ein Uhr nachts durch die Straßen dieses furchtbaren Orts und kann mein Hotel nicht finden. Es blinkt rosa hier und lila dort, ständig schreit jemand «Sexyyy man!» und «You! Come in!» nach mir, überall sehe ich Tennissocken in Sandalen, Grillhendl, dicke Deutsche, blöde Belgier. Ich will heim ins Bett und am nächsten Tag raus aus diesem Scheißloch. Aber ich finde mein Hotel einfach nicht.

Stattdessen treffe ich Ao. Sie schreit nicht «Sexyyy man», sondern fragt mich ganz ruhig, wo ich hinwill. Ich sage: «Zu meinem Hotel», und dass ich nicht mehr weiß, wo es ist, und sie zeigt mir den Weg. Sie fragt mich, ob ich mit ihrer Freundin noch etwas an einem Straßenstand essen wolle, und weil ich den ganzen Tag nur «Age of Empires» gespielt habe, sage ich ja. Sie ist hübsch, wenn auch etwas grell und bleich geschminkt. Ihre fülligen Haare sind zu einem Pferdeschwanz zusammengebunden, sie trägt ein dunkelblaues, knappes Kleid und silberne Ohrringe. Sie führt mich zu einem Nudelstand auf der Straße. Wir sitzen auf kleinen roten und blauen Plastikstühlen. Ihre Freundin ist ein Ladyboy und schon fast eine Frau. Leider aber nur fast. Sie hat etwas spitz zulaufende Ohren, ein paar Bartstoppeln und keine Brüste, sodass sie ein bisschen wie Mr. Spock aussieht. Ihr geht es sehr schlecht. Ihr Freund aus Frankreich hat sich überraschend angekündigt. Das Problem ist: Ihr Freund denkt, sie sei eine echte Frau. Seit einer Woche ist sie es ja auch. Fast.

«Davor», erzählt sie, «hatten wir noch nie Sex. Ich habe immer gesagt, nein, eine echte Thai-Lady macht es nicht gleich in der ersten Nacht. Ich habe ihn hingehalten, weil ich dachte: Wenn er drei Monate nach der Geschlechtsumwandlung kommt, ist alles in Ordnung. Ich bin dann eine echte Thai-Lady mit einer echten Vagina.»

«Bist du doch jetzt auch.»

«Ja, aber ich darf die ersten Wochen nach der Geschlechtsumwandlung keine Hormone nehmen. Deshalb habe ich jetzt einen Bart und keine Brüste!»

Sie streicht sich mit einer übertrieben betonten Geste über Backen und Brust. «Wenn er jetzt kommt, wird er merken, dass ich ein Ladyboy war, und meine ganze Beziehung ist kaputt!»

Ao versucht, ihre Freundin zu trösten. Wir lachen und essen Pad Thai. Manchmal, wenn wir lachen, berührt mich Ao am Unterarm. Der Ex-Ladyboy schlägt vor, dass wir alle auf mein Hotelzimmer gehen könnten, um noch etwas zu trinken. Wir kaufen eine Flasche Mekong-Whiskey und vier von diesen thailändischen Red-Bull-Medizinfläschchen, deren Wirkung der von Speed ähnelt. Der Ladyboy erzählt Geschichten von blöden Firangi, die Ladyboys nicht von echten Thai-Ladys unterscheiden können, was für Laien tatsächlich nicht so leicht ist, weil Ladyboys sehr zierlich, sehr hübsch und sehr weiblich aussehen. Das Einzige, woran man Ladyboys mit Sicherheit erkennen kann, sind die großen Hände und der stärker ausgebildete Adamsapfel. Wir lachen sehr viel und sitzen zu dritt auf meinem Bett. Draußen von der Straße dringen Stimmen herauf und das laute Boom Boom der Nuttenbars. Es ist so viel besser, hier zu sein.

Irgendwann sagt Ao: «500 Baht.»

Ich weiß nicht, was sie meint.

«500 Baht, damit ich die ganze Nacht hierbleibe.»

Ich sage, dass das auf gar keinen Fall geht, weil ich nicht Klaus oder Onkel Horst bin. Ich versuche, ihr zu erklären, dass Leute wie ich auf eine ganz andere Art reisen, dass wir auch an dem

Land und an der Kultur und vor allem an den Menschen interessiert sind. Dass wir nicht hierherkommen, um Sex zu haben
oder Grillhendl zu essen und deutsche Zeitungen zu lesen. Und
dass ich eigentlich hier gar nichts zu suchen habe, weil ich woanders hingehöre. Dass ich noch nie für Sex bezahlt habe und es
auch nicht vorhabe, weil es eine Form der Ausbeutung ist, und
dass …

Sie sagt: «Bitte!»

Ich sage: «Auf keinen Fall.»

Der Ladyboy meint, 500 Baht seien wirklich sehr günstig, und
ich sei ein «very sexy man».

Ich schüttle den Kopf.

Ao sagt, 400 Baht seien der Betrag, den sie dem Barbesitzer
geben müsse, für den sie arbeite. 400 Baht seien wirklich das
Allermindeste, was sie bräuchte. Sie ist verpflichtet, ihm jeden
Abend 400 Baht zu geben, alles darüber hinaus wandere in ihre
eigene Tasche, aber 400 Baht brauche sie.

Ich sage, wenn ich das täte, wäre ich doch auch nicht besser als
die aufgeschwemmte Viagrafraktion unten auf der Straße. Was
würde mich dann noch von Onkel Horst oder dem fetten Belgier
unterscheiden?

Sie sagt «Please», denn sonst müsse sie die Nacht mit ebensol-
chen Leuten verbringen.

Sie will nicht mit dicken, hässlichen Männern schlafen, und
ich habe Angst, einer von ihnen zu werden, würde ich es tun.

Ich sage nein, und dann gehen sie und der Ladyboy.

Nach Hause telefonieren

Ort: München, Deutschland

«Alle wollen, dass ich persönlicher schreib, allerdings ist das gar nicht mal so einfach. 1. hier lesen doch ein paar Menschen mit (Danke für knapp 4000 Hits in 7 Wochen) und na ja, man legt ja auch nicht sein Tagebuch an den Stachus 2. Würde ich mehr Persönliches schreiben, würde ich immer stundenlang vorm Laptop sitzen und im Endeffekt würdet Ihr Euch langweilen.» Laudi[24]

Auszüge aus dem Mailverkehr eines Reiseredakteurs einer großen deutschen Tageszeitung

Am 11. 10. 2010 um 17.53 Uhr schrieb A.M.:

Liebe/r Redakteur/in,
nachdem der Chefredakteur Ihrer Zeitung anscheinend keine Zeit hat, wende ich mich jetzt an Sie: Mein Sohn, 18, gerade Abitur gemacht, reist für drei Monate mit dem Rucksack durch Indonesien und Australien. Seine Erlebnisse hält er auf seinem Blog thomas-in-der-ferne.blogspot.com fest. Er schreibt (wie ich finde) herausragend! Ich muss beim Lesen immer sehr laut lachen. Auch seine Fotos sind sehr, sehr schön.
Leider ist er selbst viel zu schüchtern, um sich bei Ihnen zu

melden. Deswegen tue ich das für ihn: Ich stelle Ihnen gerne die Texte aus seinem Blog zum Abdruck in Ihrer Zeitung zur Verfügung. Über Bezahlung können wir ja noch sprechen, wenn Sie sich für einen Text entschieden haben.

Es wäre wirklich eine Schande, wenn nicht mehr Menschen von seinem Talent erfahren!

Und wo sonst erfährt der Leser etwas über die Landschaft auf Sumatra? (In Ihrer Zeitung jedenfalls habe ich darüber noch nie etwas gelesen, dabei ist das Interesse doch vorhanden!)

Bitte geben Sie mir umgehend Bescheid, welchen Artikel Sie drucken möchten, da ich, wenn ich drei Tage nichts von Ihnen gehört habe, auch andere Zeitungen anfragen werde.

Mit freundlichen Grüßen
A.M.

Antwort vom 12. 10. 2010, 9.53 Uhr:

Sehr geehrte Frau M.,
ich bin mir sicher, dass Ihr Sohn gerade eine grandiose Zeit in Indonesien oder wo auch immer verbringt. Mit Sicherheit gehört auch er zu den großen Schreibtalenten dieses Jahrhunderts. Leider aber erreichen uns sehr häufig Anfragen von Reisenden, die über ihre Erlebnisse berichten möchten, sodass wir uns entschlossen haben, solche Angebote prinzipiell nicht wahrzunehmen.

Haben Sie aber trotzdem vielen Dank und alles Gute für Ihren Sohn!

Mit freundlichen Grüßen

Mail vom 12. 10. 2010, 10.05 Uhr:
CC: Chefredaktion

Dass in Ihrer Zeitung ein Haufen inkompetenter Karrieristen sitzt, hätte mir klar sein müssen. Diese Zeitung schreibt schon seit Jahren am Leser vorbei. Dass Sie aber nicht einmal junge Talente fördern, hat mir jetzt den letzten Ruck gegeben, mein Abonnement zu kündigen! Sie werden sich noch wundern, wenn Sie die Beiträge meines Sohnes in anderen, SERIÖSEN Medien lesen. Der SPIEGEL hat bereits Interesse geäußert!

Mail vom 20. 11. 2010, 20.23 Uhr:

Hallo,
ich bin die Ruth! Zusammen mit meinem Freund und Schatz (-: Uwe werden wir im Januar zu unserer absoluten Traumreise aufbrechen! Mit dem Fahrrad fahren wir drei Monate nach Usbekistan!!! Unsere Route führt vom Aralsee durch die usbekische Steppe Richtung Westen. Höhepunkt ist natürlich der Besuch der Seidenstraßenstadt Samarkand!!!! Ständig mit dabei sein wird unser kleiner Begleiter: Schnuffi (ein Stoffhase, der auch mal was von der Welt sehen will ggg*). Über unsere Reise bloggen wir auch unter uwe-ruth-und-schnuffi-in-usbekistan.com. Das Beste ist: Die Erlöse, die durch den Verkauf von Artikeln, Spenden und so weiter entstehen, spenden wir dem Kinderhilfswerk in Buxoro (Uwe kennt die Leiterin dort persönlich). Vielleicht hättet ihr ja Lust, einen kleinen ;-) Artikel über uns zu schreiben??? Oder unser Blog vorzustellen ggg*??
Ganz, ganz liebe Grüße
die Ruth!

Antwort am 21. 11. 2010, 9.23 Uhr:

Liebe Ruth,
vielen Dank für das Angebot! Auch wenn eine solche Reise
für eine Einzelperson immer etwas sehr Besonderes ist, bekommen wir nichtsdestotrotz sehr häufig solche Anfragen.
Nur in den seltensten Fällen gelingt es den Reisenden,
unseren Lesern etwas mitzuteilen, was über die eigene Begeisterung hinausgeht. Ich möchte dir nicht unterstellen,
dass das bei euch der Fall ist, lehne aber solche Anfragen
prinzipiell ab. Nichtsdestotrotz wünschen wir dir, Uwe und
Schnuffi aber noch sehr viel Spaß und Erfolg auf eurer Reise
durch Usbekistan.

Antwort am 28. 11. 2010, 21.31 Uhr:

Ok, kein problemo, dachte eh schon. Bloß schade wegen
dem Kinderhilfswerk in Buxoro. Schnuffi ist schon etwas
traurig ;-)

Tschüssi!

Mail vom 12. 1. 2011, 8.30 Uhr:

REPORTAGE-ANGEBOT!
«Ich bin 37 845 Kilometer durch Südamerika gefahren!»
«Jahrelang habe ich nur davon geträumt, jetzt habe ich es
mich endlich getraut», sagt Dörte, 42. «Mit einem 18 Jahre
alten Lastwagen bin ich quer durch Südamerika gefahren. An
der Westküste bin ich von Kolumbien über Ecuador, Peru,
Bolivien und Chile bis nach Feuerland gefahren.» Danach
ist Dörte an der Ostküste über Argentinien und Brasilien

bis nach Venezuela an der Karibikküste gereist, ein ganzes Jahr hat sie dafür gebraucht. 37 845 Kilometer und 334 Tage lang hat Dörte sich ihren großen Lebenstraum erfüllt. «Mein Bürojob wurde mir zu langweilig, doch lange Zeit rieten mir Kollegen, Freundinnen und meine Mutter von diesem gewagten Vorhaben ab», erinnert sich Dörte. «Doch dann habe ich alle Zweifel überwunden und dieses große Abenteuer erlebt!»

So beginnt meine Reportage über meine Reise. Gerne würde ich sie in Ihrem Blatt abgedruckt sehen. Über Honorar und eventuelle Kürzungsmöglichkeiten können wir uns noch unterhalten. Fotos gibt es sehr viele (über 15 000!).

Mit freundlichen Grüßen
Dörte G.

Antwort am 12. 1. 2011, 8.35 Uhr:

Liebe Dörte,
vielen Dank für das Angebot! Auch wenn eine solche Reise für eine Einzelperson immer etwas sehr Besonderes ist, bekommen wir nichtsdestotrotz sehr häufig solche Anfragen. Die Länder und Fortbewegungsmittel variieren natürlich, aber letztlich fährt jede Woche irgendjemand mit dem Fahrrad, dem Rollstuhl oder einem alten V W-Bus durch Burkina Faso, Burma oder den Kaukasus. Vielleicht aber haben Sie bei einem anderen Medium mit Ihrem Textvorschlag Erfolg. Wir wünschen Ihnen alles Gute!

Mit freundlichen Grüßen

Mail vom 16. 1. 2011, 2.15 Uhr:

Hey,
ich und mein Kumpel fliegen nächste Woche sechs Wochen
nach Thailand. Wird endsgeil! Wollt mal fragen, ob ihr
vielleicht was brauchen könnt, weil wir bloggen eh?

LG
Linus

Als Reisender steht man unter dem inneren wie äußeren Druck,
sich mitzuteilen. Verwandte und Freunde wollen auf dem Laufenden gehalten werden – aus Interesse, vor allem aber, um zu
wissen, «wo sich das Kind gerade herumtreibt». Papa, Mama,
Bruder, Schwester, Onkel, Tante und der beste Freundin mindestens wöchentlich eine persönliche E-Mail zu schreiben sprengt
schnell den Rahmen der Zeit, die man in Kuala Lumpur oder
Managua mit Schreiben nach Hause verbringen wollte. Selbst
Backpacker mit einer großen Aversion gegen Massenkom-
munikationsmittel gehen irgendwann dazu über, ihre Erlebnisse effizienter mitzuteilen. Daraus erwächst leicht die Hybris
des Reisenden, er könne via seines digitalen Erzeugnisses die
Daheimgebliebenen die eigene Reise mit derselben Begeisterung
miterleben lassen.

«Postkarten der Internet-Zeit: Früher verschickte man als
Beweis für den Aufenthalt in der Fremde eine Urlaubspostkarte,
heute lädt man die digital fotografierten Reisebilder ins Netz»,
schreibt Dirk von Gehlen in der *Süddeutschen Zeitung*. «Neu ist
daran der Aspekt der Veröffentlichung, die Postkarten der Internet-Zeit sind für jeden zugänglich, das digitale Selbstgespräch
kann mitgehört werden.»[25]

Selbstgespräche, das gehört zu ihrem Wesen, haben keinen

anderen Adressaten außer dem Sender selbst. Die Filterfunktion einer normalen Kommunikation, bei der die Inhalte an die Sprache, die Gefühls- und Gedankenwelt des Gegenübers angepasst werden, fehlt. Übrig bleibt der Reisende, der Eindruck für Eindruck in sich aufsaugt, ein Bild mit seiner Digitalkamera davon macht und in seinem Blog, auf seiner Website oder auch in einer Rundmail wiedergibt.

«Flashpacker» und Backpacker schleppen ein kleines Arsenal an technischem Gerät mit sich herum. Eine Umfrage der Website hostelworld.com aus dem Jahr 2006 ergab, dass über 80 Prozent aller Backpacker ein Handy und eine Digitalkamera bei sich haben. Gut ein Fünftel nimmt einen Laptop mit auf die Reise. Da Laptops und Kameras in den letzten Jahren billiger und leichter geworden sind, dürfte der Prozentsatz noch gestiegen sein. Wann immer möglich, sucht man ein Internetcafé auf, lädt Bilder auf seine Flickr- und Tumblr-Blogs und schreibt drauflos. Das liest sich oft in etwa wie folgt:

«Ich hatte die schlimmste Bus fahrt meines lebens hier her. Zuerst wurden wir ca 1 stunde zu spät am Hostel abgeholt von unserem Pick up Service, danach setzte der uns einfach irgendwo aus und ein Mensch mit Motorrad kam und sagte wir sollen ihm hinterher laufen. Wir waren irgendwo nur nicht an einer Busstation, denn an der sind wir schon vorbei gefahren gewesen. Nun ja … so ist der Motorradfahrer vorraus gefahren und wir durften ihm auf der AUTOBAHN welche stark befahren war für ca eine halbe stunde hinterher laufen … irgendwann kamen wir an … mitten im nirgendwo und er meinte hier sollten wir auf den Bus warten und dieser würde in einer Stunde kommen … super … jetzt sind wir irgendwo und dann auch noch 1 Stunde zu früh … alle waren stinksauer (waren eine kleine Gruppe von 4 leuten) … wir fragten den Motorradfahrer wieso wir nicht mit dem Auto hierher gebracht wurden doch er gab uns keine Antwort … hm … na ja … die 2 anderen Mädels mussten nicht ganz so lange warten wie wir da diese in einen anderen Bus mussten … irgendwann kam dann auch schließlich unser bus, mit 4 eigenartigen Vietnamesen die allerdings zur Busgesellschaft gehörten und noch 4 anderen die irgendwo nach laos wollten … die Einheimischen waren sehr eigenartig und es war sehr unheimlich in dem Bus da ausser denen ja keiner da war.»[26]

Natürlich haben Blogs für den Daheimgebliebenen auch Vorteile. Zum Beispiel erübrigt sich die früher obligatorische Diashow. Selbst wenn bei den Daheimgebliebenen ein ehrliches Interesse an den Reiseerfahrungen des Bekannten entsteht, geht dieses selten über 30 Bilder hinaus. Das ist in etwa der Richtwert, an dem man sich orientieren sollte, wenn man gebeten wird, «ein paar Fotos» zu zeigen. Kein Mensch, und sei er dem Reisenden noch so sehr in Liebe zugeneigt, würde nicht beginnen, sich zu langweilen, nachdem er 30 Sonnenuntergänge, Wasserfälle, Ruinen und Elefantenritte gesehen hat.

Wer nicht bloggt, schreibt E-Mails. Lange E-Mails. Nachdem ich in Guatemala einmal mit einem Deutschen E-Mail-Adressen ausgetauscht hatte, erhielt ich ein halbes Jahr lang einmal wöchentlich einen Bericht mit einer Durchschnittslänge von 40 000 Zeichen. Darin fanden sich detaillierte Schilderungen der Beschaffenheit mexikanischer Straßen, gefolgt von der Aufzählung diverser Verkehrsmittel, die benutzt werden mussten, um einen bestimmten Ort zu erreichen, dessen Name meist mit «San» begann (San Pedro, San Miguel, San Christóbal). Darüber hinaus enthielten die E-Mails Landschaftsbeschreibungen Mann'schen Ausmaßes. Es gab keinen Spannungsbogen, keine Pointen, keine Gliederung – die seitenlangen E-Mails waren ein einziger Stream of Consciousness. Dem Leser bleibt da nicht anderes übrig, als einmal: «Toll, was du so erlebst» zu antworten – und die E-Mails in Zukunft nur noch zu überfliegen. Ein Vorteil des Blogs ist:

Der Leser fühlt sich, anders als bei einer E-Mail, nicht dazu verpflichtet zu antworten.

Nur selten geben Reiseblogs persönliche Gedanken, Gefühle und Einschätzungen wieder. Meist handelt es sich um eine Aneinanderreihung von Busfahrten, Aktivitäten und Skurrilitäten des jeweiligen Reiselandes:

«On the road out of Hanoi, we had a pretty clear run, with all the ‹traffic› heading into the city at sunrise. Rather than the commuter rat-race so familiar to us at home, we past local farmers chugging along tractors filled with freshly harvested veg, whilst others whizzed past with pigs, live ducks and chickens stacked high on the backs of their motorbikes on their way into the city for the day's trade. All the while, free roaming kamikaze cows strolled into our paths to complete the medieval scene.

Within an hour or so the villages became scarcer and we were deep into paddy field country, which had rolling hills as backdrops, it was truly beautiful. We started to snake our way up into the mountains, frequently stopping to check our giant Vietnam map and fuel tanks, as our fuel gages and speedometers had ceased to be. The scenery was breathtaking at the top of the mountains and the roads were a joy to ride – new, little traffic and easy gradients made up a great biking nursery.»[27]

Für jeden Backpacker ist die eigene Reise die individuelle Freiheitserfahrung überhaupt. Er ist überwältigt von all den neuen Eindrücken, die sich so sehr von seinem Leben unterscheiden. Er verliert nach und nach die Orientierung, um seine Erfahrungen einordnen und bewerten zu können – zu viele sind es in zu kurzer Zeit. Das ist eine Form der Reizüberflutung, die irgendwann zur Abstumpfung führt.

Tatsächlich sind die meisten Reiseblogs nicht für den Leser geschrieben. Blogs oder Rundmails dienen in erster Linie dem Reisenden selbst. Sie helfen ihm, seine Erfahrungen zu strukturieren. Jeder Eintrag trennt Wichtiges von Unwichtigem, Erzählenswertes von Wahrnehmungstrash. Es ist eine Form der Verarbeitung des Erlebten, ein verbales Fotoalbum – nur kein literarisches oder journalistisches Produkt.

Denn in der Summe sind Reiseblogs eben nicht Zeugnis einer einzigartigen Reise, sondern genau das Gegenteil: die Aneinanderreihung Tausender scheinbar austauschbarer Erfahrungen, die man mit Stränden, langen Busfahrten, Dschungeltouren und Bananenpfannkuchen gesammelt hat.

Wiederholungstäter

Ort: Bangkok, Thailand

«Auf die Magie eines urbanen Märchens wirkt Tourismus wie Terrorismus. Außerdem explodieren die Preise.»
Helge Timmerberg[28]

Nach einem knappen Jahr hatte ich keine Lust mehr. Ich wollte nicht mehr Tempel besichtigen, Pyramiden besteigen, abgelegene Strände suchen, Bootsfahrten auf Dschungelflüssen machen oder auf Vulkane klettern. Ich hatte auch keinen Bock mehr auf fremde Kulturen, Religionen, Mondkalender und buddhistische Weisheiten. Ich wollte nicht ständig immer dieselbe Konversation führen: «Where are you from? Where have you been? Where do you go next?»

Ich wollte mehr Besitzstand als einen mittlerweile schimmelnden Rucksack, in dem sich vier Unterhosen, drei T-Shirts und eine Badehose befanden. Nach zehn Monaten wollte ich wieder täglich meine Kleidung wechseln, Musik hören und fernsehen können. Ich wollte mal wieder Sport machen, morgens die Zeitung lesen und an einem Ort länger als drei Tage bleiben. Ich wollte wieder so etwas wie einen geregelten Tagesablauf haben. Und so quartierte ich mich für die nächsten zwei Monate, die letzten, in einem Hotel in der Nähe von Bangkoks Khaosan Road ein.

Um 14 Uhr nachmittags wachte ich in einem schlichten, aber

sauberen Zimmer auf. Ich frühstückte Kaffee und Bananenpfannkuchen in der Lobby, in der stilvolle Teakholzmöbel herumstan-
den, und las die *Bangkok Post*. Manchmal lief Chopin, meistens
aber Schluffimusik. An der hohen Decke rührte ein Ventilator
die schwere, schwüle Luft um. Eine Stunde später ging ich ins
Internetcafé, spielte ein Computerspiel und aß anschließend zu
Mittag: Green Curry, Pad Thai oder ein Sandwich. Gegen Abend
spielte ich mit einem alten Thai drei Partien Schach, trank ein
Bier mit jemandem, den ich gerade kennengelernt hatte, und ließ
die Nacht mit mir anstellen, was sie wollte.

Ab und zu lernte ich ein Mädchen kennen, das behauptete, ich
erinnerte sie an Brad Pitt oder an Jean-Claude van Damme. Auch
das mit van Damme meinte sie als Kompliment. Am Anfang ist es
komisch, wenn einen ein Mädchen mit Jean-Claude van Damme
vergleicht, weil man sich selbst ja oft falsch einschätzt, aber doch
nie so falsch, dass man glauben würde, man sähe Jean-Claude
van Damme ähnlich. Aber wenn man immer wieder hört, man
sähe aus wie Jean-Claude van Damme und das sei ja wirklich
großartig, glaubt man das erstens irgendwann und findet es zweitens gar nicht mehr so schlimm. Seit dieser Zeit hat mich kein
weibliches Wesen je wieder mit einem Hollywoodstar verglichen.

Abend für Abend lernte ich andere Reisende kennen: einen
Mathematikprofessor aus Madagaskar, eine Yogalehrerin aus
Schweden, einen Schweizer Sozialpädagogen, der mit Heroin-
abhängigen arbeitete, und einen Berliner Millionär, der sein Ver-
mögen als Daytrader verdient hatte. Ich sprach mit ihnen über
Indonesien, Mexiko oder Indien. Auf ihren Gesichtern hatte
sich die Welt eingeprägt. Während wir sprachen, umspülte uns
der Schluffisound, der aus allen Bars der Straße dröhnte: Café
del Mar, Buddha-Bar, das ganze, heute kaum mehr erträgliche
Ethno-Triphop-Gedudel. Aber damals war das der Soundtrack
der Sehnsüchtigen, Vagabunden und Nichtstuenden. Wir alle,

so glaubte ich, schwammen in dieser so wunderbar und aufregend schmeckenden Weltsuppe herum, kamen von hier und von dort, trafen uns, mochten uns, verabschiedeten uns, flogen heim nach Dublin, Tel Aviv und Berlin oder reisten weiter nach Laos, Myanmar und China.

Die 20 Euro, die ich jeden Tag für dieses Leben brauchte, kamen aus einem Automaten am Anfang der Khaosan Road. Kein einziges Mal fragte mich der Automat, ob ich zur Abwechslung nicht mal wieder etwas Geld in ihn hineinstecken wolle. Er spuckte es immer aus, bis ich vergessen hatte, wie es dort hineingekommen war. Die Temperatur in diesen zwei Monaten lag konstant zwischen 28 und 32 Grad. Ab und zu ergoss sich ein Schauer herab, und die Straßen rochen nach faulem Obst, während die Sonne sie trocknete. Diesen Geruch habe ich nie wieder vergessen. Aus den Bars der Khaosan Road dröhnten die neuesten Hollywoodfilme. Engländer saßen vor ihrem Bier und warteten auf ihren Flug. Um die Ecke zischten die Feuer der Garküchen, und Knoblauch-Chili-Geruch biss dem Passanten in die Nase. So vergingen die Tage, und ich schaukelte auf ihnen wie ein Stück Treibgut in einem langen, ruhigen Strom daher. Besser war es nie gewesen.

Wieder daheim, dachte ich wehmütig an diese Zeit zurück. Zunächst ständig, dann seltener, doch ganz vergaß ich sie nie. Es war wie eine Droge, die man einmal probiert, sie unglaublich geil findet und sich später immer wieder danach zurücksehnt. Ich wollte unbedingt wieder in diesen so leichten, so mühelosen Zustand gelangen. Aber es klappte nicht.

Ich flog für vier Wochen nach Bangkok. Mein Plan: genau das tun, was ich in den letzten zwei Monaten meiner Weltreise getan hatte – also so gut wie nichts. Ich hatte nicht vor, irgendwelche Tempel oder Museen zu besichtigen. Ich wollte nicht durch den Dschungel wandern und keinen Tauchkurs an einem Korallenriff machen. Ich wollte gammeln auf höchstem Niveau. Ich wollte noch einmal in diesen süßen Strom des Nichts eintauchen, alles auf mich zukommen lassen und das Leben eines modernen Dandys führen.

Ich ging in dasselbe Hotel. Es fing schon damit an, dass die Lobby anders aussah: Statt der hohen Decke hatte jemand eine zweite Ebene eingezogen. Auf der, so verkündete ein großes Plakat, legte von 17 Uhr bis Mitternacht ein DJ namens Thai-G auf. Doch damit nicht genug. In der Lobby standen jetzt bunte, geschnitzte Elefanten herum, die lila bestickte Tücher auf dem Rücken trugen. Darauf standen wiederum Pflanzen, die mit bunten Girlanden behangen waren. Die Teakholzmöbel waren zwar noch da, aber mit lila Kissen belegt, die mit kleinen Elefanten bestickt waren. In der Ecke blinkte aus mir nicht nachvollziehbaren Gründen – es war kurz nach Mittag, also helllichter Tag – eine Lichtorgel. An der Wand hingen große Bilder von einem Strand, zu dem man in dem kleinen, angeschlossenen Reisebüro eine Zugfahrt plus Fähre buchen konnte. Auf den Bildern waren Wasserskifahrer zu sehen.

Die einstige stilvolle Schlichtheit war einem überbordenden Barock gewichen. Die Kellnerinnen trugen nicht mehr schwarze Röcke und weiße Blusen, sondern ein nach Sexarbeiterin aussehendes Kostüm, auf dem groß das Label einer Biermarke prangte. Als ich die Lobby betrat, kamen zwei von ihnen auf mich zugerannt und fragten, ob ich ein Bier trinken und an einem Gewinnspiel teilnehmen wolle, bei dem ich eine Reise nach Phuket gewinnen könne.

In meinem Zimmer stand jetzt ein Fernseher mit 58 Kanälen, dafür kostete es das Doppelte. Ich warf frustriert meinen Rucksack in die Ecke und legte mich für ein paar Stunden schlafen, in der Hoffnung, mit besserer Laune aufzuwachen. Zwei Stunden später wurde ich von hysterischen Gekreische und einem Inyour-motherfucking-face-Beat geweckt. DJ Thai-G hatte mit der Arbeit angefangen. Ich rauchte eine Zigarette – auf die Packung waren Bilder von verteerten Lungen und amputierten Beinen aufgedruckt – und ging auf die Khaosan. Die Khaosan Road ist wie Berlin: Immer sagt einem hier jemand, man habe die beste Zeit leider verpasst. Mittlerweile könne man es dort nicht mehr aushalten, so kommerziell und verkommen sei die Straße. Früher hätte man kommen müssen, so vor fünf Jahren, da sei die Khaosan noch halbwegs gut gewesen, obwohl sie auch schon nicht mehr so gut gewesen sei wie fünf Jahre davor.

Die Wahrheit ist: Die Khaosan war schon immer der kommerziellste Abschnitt des gesamten Banana-Pancake-Pfades, höchstens noch vergleichbar mit dem Main Bazaar in Delhi. Schockiert war ich trotzdem: Zuerst schien sich nicht viel geändert zu haben. Noch immer verkaufte ein freundlicher Thai an der Straßenecke Bananenpfannkuchen. Noch immer saßen dort Deutsche oder Däninnen stundenlang auf einem Plastikhocker und ließen sich Zöpfe flechten – ohne der Tatsache, dass sie danach wie ein Albino-Rastafari zu Karneval aussahen, Bedeutung beizumessen. Weiter hinten war es noch immer möglich, sehr billig die neueste Version von Photoshop und Microsoft Office sowie das aktuelle Gorillaz-Album zu kaufen. Nebenan fälschte jemand Stundentenausweise und die Bahncard50. Ständig dröhnte von einem der zahlreichen CD-Stände, von denen viele mittlerweile auch MP3s anboten, mittelmäßige bis schlechte Musik. Noch immer saßen Engländer vor ihrem 24. Singha-Bier in irgendeiner Bar, sahen sich *The Beach* in einer abartigen Lautstärke an und warteten auf ihren Rückflug. Winzige Frauen in der traditionellen Tracht irgendeiner Minderheit aus dem Norden versuchten Ethnologiestudentinnen aus München Schmuck oder Holzfrösche anzudrehen, mit denen man Musik machen konnte, wenn man einen Stab über den Rücken des Frosches rieb. Noch immer sah ich niemanden, der den kleinen Minderheitenfrauen so etwas abkaufte.

Dann aber entdeckte ich etwas Neues: Statt der zugegeben arg spartanischen Absteigen, deren Zimmer nicht mehr als das wirklich Notwendige boten (eine Matratze mit drei untergelegten Sperrholzplatten), hatten von Gier und Geiz verblendete Menschen große Hotels errichtet, in deren Zimmern Fernseher standen. Und auf den Dächern gab es sogar Swimmingpools!

Das Grauen aber steigerte sich noch weiter. Es manifestierte sich in Form eines golden leuchtenden Buchstabens, dem sicheren Indiz, am Eingang zur Hölle angelangt zu sein. Auf der Straße hatte ein McDonald's eröffnet. Ich interpretierte dies als Fanal des in Kürze bevorstehenden Weltuntergangs und schlug innerlich die Hände über dem Kopf zusammen. Wo immer eine Fastfoodkette Wurzeln schlägt, ist das Ende nahe: Der Trampelpfad, auf dem sich die Reisenden nach exotischen Strapazen über ein westliches Konsensgericht wie einen Bananenpfannkuchen kindisch freuen konnten, war endgültig zur Autobahn geworden, auf dem derartige «Andenken» an die Heimat nicht mehr Anlass zur Freude gaben, da sie so gegenwärtig wie daheim geworden waren. Wozu noch wegfahren, wenn es in der Fremde McDonald's gibt! Wenn das so weiterging, würden bald nur noch Myanmar, Nordkorea und irgendwelche abgeschotteten Staaten in Zentralafrika als Reiseländer in Frage kommen!

Nachdem ich den ersten Schock überwunden hatte, ging ich in die Parallelstraße der Khaosan, um den alten Thai zu besuchen, mit dem ich damals Abend für Abend Schach gespielt hatte. Er war nicht mehr da. Da, wo er gesessen hatte, stand jetzt ein klimatisierter Seven-Eleven-Supermarkt. Vertrieben. Verscheucht. Weggentrifiziert.

Ich verfluchte den Kapitalismus und begann die westliche Welt zu hassen, die mit ihrem Fortschrittswahn ein Paradies nach dem anderen zerstörte. Ich verspürte in mir den starken Wunsch, mich mit diesem ausgebeuteten, vom Kommerz seiner Tradition beraubten Volk zu solidarisieren. Wo war all die Natürlichkeit hin? Das unschuldige Thai-Lächeln?

«Terrible! Isn't it?», fragte ich den Bananenpfannkuchenverkäufer am Eingang der Khaosan Road und deutete auf den McDonald's.

«Ohhhh!», sagte der. «Business very goooood!»

Ich ging zurück zu meinem Hotel und setzte mich in die Lobby, auf einen der Stühle mit den lilafarbenen Kissen und den kleinen Elefanten. Wie damals wollte ich ganz zufällig interessante Menschen treffen. Verruchte Globetrotter, deren Falten im Gesicht vor Lebensweisheit Bände sprachen, Mathematikprofessoren aus Madagaskar, Hängengebliebene, Yogafreaks, Hardcoretraveller, die seit vier Jahren unterwegs waren, Dandys oder deren Nachfahren, Bettelmönche, Weltreisende mit Orientierungsproblemen, bekiffte Israelis mit Fußinfektionen, Holländer, die auf Bäumen lebten, Tschechen, die mit zwei T-Shirts im Gepäck die Welt bereisten, einsame Wölfe mit Sparzwang, Englischlehrer mit Vorliebe für Semiprostituierte, Verrückte, Inspirierende, Instantfreunde – Menschen eben, die man nicht auf den Straßen Deutschlands trifft.

In diesem Moment kam ein dicklicher Junge mit Poloshirt und einer thailändischen Sackhose auf mich zugewankt. Die Hose spannte, der Junge versuchte zur Musik von DJ Thai-G zu tanzen. Er stolperte, fiel hin. Ich hörte eine Gruppe von Jungs lachen. Der Dicke rappelte sich wieder auf. Dann kotzte er in eine der Pflanzen, die auf dem Elefanten mit den bunten Tüchern standen. Die Gruppe applaudierte.

«Sauber, Manni», sagte ein Rothaariger mit einem Beerlao-T-Shirt auf Deutsch und fotografierte Manni mit seiner Digitalkamera.

Manni rappelte sich wieder auf. Eines der Mädchen in den knappen Bierkostümen kam angelaufen und begann sofort, Mannis Kotze aufzuwischen. «No problem», sagte sie grinsend zu der Gruppe. «No problem. You like more beer?»

Manni klatschte sich jetzt mit dem Rest der Gruppe ab. Alle brüllten «Abi 2009!» und bestellten eine Runde Bier, worauf das Mädchen noch mehr lächelte.

Ich beschloss, Bangkok zu verlassen. Ich kaufte ein Allround-ticket. Wer sich in seinem Besitz befindet, wird von einem Klein-bus am Hotel abgeholt und zu einem größeren Bus gebracht, dessen Fahrer es dank einer Großpackung Amphetamine schafft, 18 Stunden durchzufahren. Anschließend wird man auf eine Fähre verfrachtet, die einen auf eine der zahlreichen Inseln im Golf von Thailand bringt. Leider hatten Manni und seine Freunde dieselbe Idee. Die Gruppe hatte sich mit genügend Thai-Red-Bull und Mekong-Whiskey eingedeckt für drei Tage Komasaufen. Manni sagte immer wieder: «Das ist das Geilste! Das ist das Geilste!» Mit «das» meinte er, Thailand, seine Reisegruppe, sein gerade bestandenes Abitur, den Mekong-Whiskey und den bevorstehenden Besuch der Full-Moon-Party. Über die Fernsehbildschirme des Busses lief *The Beach*, was den Passagieren suggerierte, sie befänden sich gerade am Beginn eines waghalsigen Abenteuers.

«Koh Phi Phi», sagte eine Engländerin. «Die haben das auf Koh Phi Phi gedreht.»

«Wow, da fahren wir jetzt hin!», sagte ihre Freundin.

«Nein, das glaube ich nicht. Wir fahren auf eine andere Insel.»

«Zwei Wochen durchsaufen», sagte Mannis Freund, der noch immer sein Beerlao-Shirt trug, und Manni erwiderte: «Das ist das Geilste!» Manni musste aufstoßen, und der Rest der Gruppe bekam schon Angst, dass er wieder kotzen könnte. Aber Manni beherrschte sich.

Am frühen Morgen trafen wir auf fünf weitere Busse voller

Backpacker. Wir wurden in den Unterleib einer vollklimatisierten Fähre verfrachtet. Manni übergab sich dann doch noch, was aber wohl auch am Seegang lag.

Nach vier weiteren Stunden kamen wir müde und stinkend auf Koh Phangan an. Ich verabschiedete mich von Manni und seinen Freunden. Ich wollte auf keinen Fall, dass sie an «meinen» Strand fuhren. An meinem Strand hatte ich sechs Wochen in einer Hängematte und einer Bambushütte gelebt. Hier hatte ich versucht, so lange nichts zu denken, bis ich das Gefühl hatte, mein Kopf würde implodieren. Hier hatte ich Bang Lassi getrunken und war von einem monströsen Affen belauert worden. Das Moon Sunshine gab es nicht mehr. Zumindest gab es keine Bambushütten mehr für 100 Baht die Nacht. Joe erinnerte sich nicht an mich, was mich nicht ärgerte; es hätte mich aber wahnsinnig gefreut, wenn er es getan hätte.

«You pay 400 baht now. You have own bathroom, you have air conditioning and you have your own TV. Much better now. Five years ago only shitty bamboo hut. Now concrete, much better now!»

Anstelle der Bambushütten verschandelten kleine Betonhäuschen mit Ziegeln und schlecht isolierten Glasfenstern den Strand. In den Häuschen wohnten Pärchen, Pärchen, Pärchen und Jungsgruppen. Hinter dem Moon Sunshine begann jetzt eine geteerte Straße. Es gab einen Supermarkt, ein Internetcafé, einen Friseur- und einen Massagesalon. Ständig brauste ein Motorrad mit einem Touri darauf oder ein Pick-up mit einem grinsenden Thai am Steuer vorbei.

«Vermisst du nicht die alte Zeit?», fragte ich Joe.

«What you mean?»

«Die Bambushütten, die Ruhe, die Natur?»

«No miss. Now we have TV, E-Mail and Supermarket. Money much better.»

Ich fuhr an andere Strände, doch es war überall dasselbe. Nämlich nicht mehr wie früher. Oder nicht wie meine Erinnerung an früher.

Alles war dahin. Der Zustand, den ich so lange in mir konserviert, gehegt und gepflegt hatte, entpuppte sich als Schimäre. Ich hatte mir jede erdenkliche Mühe gegeben, alles genauso zu machen wie damals – und wurde nur immer verkrampfter. So ähnlich muss es Junkies gehen, die sich immer wieder nach diesem Tausendmal-so-geil-wie-dein-bester-Orgasmus-Gefühl zurücksehnen. Man probiert es immer wieder, aber es ist nie mehr so schön wie beim ersten Mal.

Das ist der Grund, warum man niemals zweimal an denselben Ort fahren sollte. Beim zweiten Mal kann man nur verlieren. Der paradiesische Zustand, den man einmal erlebt hat, wird im Gehirn abgespeichert, er brennt sich ein wie eine Kindheitserinnerung und dient fortan als Maßstab für jede weitere Erfahrung. Beim zweiten oder dritten Besuch scannt man den Ort nach dem ab, was man wiedersehen und spüren will. So ist es mit dem kleinen, abgelegenen Strandnest in Kolumbien, mit dem «mushroom omelette» auf den Gili-Inseln und mit der romantischen Ultrakurzbeziehung zu einer Australierin in Istanbul. Für neue Eindrücke ist kein Platz mehr, obwohl genau sie es waren, die den Ort damals so besonders machten. In der Zwischenzeit hat man die Erinnerung außerdem verklärt und es noch schöner gemacht, als er tatsächlich war. Jeder Strand wird beim zweiten Mal zugebauter sein, jedes Bergdorf touristischer, und die Gäste des Hotels von damals sind in der Zwischenzeit verprollt. Teurer ist es geworden, das Wetter ist nicht mehr so gut wie damals und das Meer nicht mehr so klar.

Die Wirklichkeit hat überhaupt keine Chance mehr. So kann es nur anders, aber nie besser werden. Eine gute Zeit an einem guten Ort sollte man dort lassen, wo sie hingehört – in der Erinnerung. Besser, als das Glück vergangener Tage an alten Orten zu suchen und dann auf die Mannis dieser Welt zu treffen, ist es, irgendwo anders hinzufahren: auf die Philippinen, in den Senegal oder in Gottes Namen auch nach Bangladesch. Das Paradies ist immer in Bewegung, es bleibt nicht lange an einem Fleck.

All das weiß ich jetzt, aber zwischen Erkenntnis und Realität klafft doch eine Lücke. Letztes Jahr war ich in China, in Yunnan. Das liegt im Südwesten, in der Nähe des Goldenen Dreiecks. Es gibt dort Backpacker, aber nicht zu viele, und diejenigen, die ich traf, wollte ich kennenlernen. Das Leben ist dort billig, das Essen gut, die Landschaft großartig. Man muss keine Angst vor Abiturienten auf Sauftour haben, und die Einheimischen sind gerade in dem Maße an Touristen gewöhnt, dass ich zum Frühstück einen Kaffee bekomme, ohne den ich nicht funktioniere. Chinesen trinken nämlich sonst keinen Kaffee. Ich schlenderte durch die Straßen, setzte mich mal in dieses, mal in jenes Café, trank Bier am Abend und rauchte. Und hin und wieder bestieg ich einen der Berge, mit denen der Himalaja beginnt. Es fühlte sich an wie damals in Thailand vor zehn Jahren.

Ich muss unbedingt wieder hin.

Wieder daheim

Wenn du zum ersten Mal ahnst, was dich erwartet, sitzt du noch im Flugzeug und blickst aus dem Fenster. Die klaren, parallelen Linien, die rechten Winkel, die präzisen geometrischen Formen der deutschen Äcker – dort unten scheint keine Fläche ungenutzt brachzuliegen. Die Welt am Boden ist wieder geordnet und ordentlich.

Du hast noch Sand im Ohr und Freiheit im Kopf, als du zum ersten Mal nach Monaten wieder den Fuß auf den Boden eines deutschen Flughafens setzt. Mürrisch blickt der Beamte auf deinen zerfledderten Pass mit den Dutzenden Stempeln von Ländern, die die meisten Menschen nicht mal auf der Karte finden würden. Er sieht auf den Pass, dann in dein Gesicht. «Ist das wirklich dieselbe Person?», fragt er sich vielleicht. Du fragst es dich auch.

Die Menschen, manche zielstrebig, manche hektisch, greifen nach ihren Koffern auf dem Fließband und hasten Richtung Ausgang. Du sprichst einen von ihnen an, fragst ihn, woher er gerade kommt, und erzählst, dass du ein Jahr lang auf Reisen warst. Er nickt, brummt etwas, das nach «keine Zeit» klingt, nimmt seinen Koffer und verschwindet. Niemand blickt den anderen an, es leuchtet kein Lächeln, es fällt kein freundliches Wort. «Interessant», denkst du dir, denn noch ist dieses Land nur ein weiteres auf einer langen Liste, durch die du als Beobachter gezogen bist. Erst Tage später wird dir klar, dass dies ein Land ist, das dich nicht in Ruhe lassen wird, das etwas von dir fordert, auf das du dich einlassen musst. Es ist deine Heimat. Dort hinten auf dem Band entdeckst du deinen Rucksack; er ist dreckig, abgenutzt und trägt die äußeren Spuren deiner Reise; die inneren kennst nur du selbst. Noch weißt du es nicht, doch bald wird dir klar: Niemand, weder deine Eltern noch deine besten Freunde, wird dich verstehen, auch wenn sie sich noch so viel Mühe geben.

Doch zunächst fällst du deinen Eltern in die Arme. Sie weinen Freudentränen darüber, dich nach einem Jahr auf Reisen endlich glücklich und gesund wiederzusehen. Dein Lieblingsessen steht auf dem Tisch. Du hast mexikanische Tacos, indische Currys und vietnamesische Nudelsuppen gegessen, aber nichts davon hat so geschmeckt wie das Schnitzel deiner Mutter. Sie sagen, du wirkst reifer, irgendwie erwachsener. Dein Vater fragt: «Wie war es denn in Mexiko?» Du antwortest: «Schön», und erzählst von den Pyramiden der Azteken. Er nickt und fragt mit vollem Mund: «Und was willst du studieren?»

In den nächsten Tagen triffst du all die Menschen wieder, die du während deiner Reise so sehr vermisst hast, die du dir in den Momenten der Einsamkeit herbeigewünscht hast und denen du E-Mail für E-Mail geschrieben hast. Du zeigst ihnen Fotos, und nach dem zwanzigsten Strandbild siehst du, wie sich dein bester Freund ein Gähnen verkneift. Er erzählt von dem Mädchen, das er am Samstagabend kennengelernt hat und dass er eigentlich schon viel zu betrunken gewesen sei. «Die Franzi», sagt er noch, «ist jetzt übrigens mit dem Max zusammen.» Du nickst verständnislos, und dir wird klar: Es hat sich nichts geändert, seitdem du fortgegangen bist.

Auf der Straße sprichst du ein fremdes Mädchen an, doch plötzlich fällt dir auf, dass der gewohnte Dreiklang «Where are you from? How long are you travelling for? Where do you go next?» nicht mehr funktioniert. Sie schüttelt den Kopf und geht weiter. In diesem Land ist das Ansprechen fremder Leute entweder auf ein akutes sexuelles Interesse zurückzuführen oder aber ein Zeichen chronischer Einsamkeit. Und wer keine Freunde hat, muss irgendwie sonderbar sein. Du möchtest ihnen erklären, dass alles ganz anders sein kann – lockerer, ungezwungener, schöner. Möchtest ihnen nahebringen, dass Leben viel mehr ist als Diplomarbeit, Arbeit und Beziehung, dass dieses hektische Ich-muss-so-schnell-wie-möglich-meinen-Platz-in-dieser-Gesellschaft-Finden ziemlich überspannt ist, dass es 95 Prozent der Menschen auf dieser Welt darum geht, genug zu essen aufzutreiben, und nicht darum, einen LCD-Fernseher zu haben. Du willst ihnen sagen, dass das gute Leben einfach, billig und schön ist. Leider hast du gar nichts kapiert. Denn du kannst die Regeln nicht ändern, du musst sie verinnerlichen, um sie an den richtigen Stellen brechen zu können.

Sechs Wochen bist du nun schon wieder hier. Du vermisst die Sonne, die Leichtigkeit, das Neue. Deine Freunde verdrehen die Augen, wenn du bei jeder Banane erwähnst, dass die Bananen auf Bali ganz anders schmecken als die, die man hier bekommt. Bei jedem Telefonat fragen dich deine Eltern: «Wann fängst du an zu studieren?» – «Wenn ich Lust habe», antwortest du, schließlich hast du ein Jahr lang nur getan, wozu du Lust hattest, und so warst du glücklich. Soll das jetzt nicht mehr gelten? Warum muss auf einmal alles hart sein, warum muss man sich anstrengen, um irgendwo hinzukommen, wenn es doch schön ist, wo man gerade ist?

«Und was machst du jetzt?», fragen auch deine Freunde. Sie studieren seit zwei Semestern Jura, Soziologie und Maschinenbau oder bewerben sich auf Film- und Journalistenschulen.

«Erst mal nichts», sagst du, «muss man denn immer etwas machen?»

Ja, man muss. Weil es eben nicht der Normalzustand ist, ein Jahr lang in Dritte-Welt-Ländern von 20 Euro am Tag zu leben.

Weil kein Mensch glücklich wird ohne Herausforderungen. Weil niemand frei ist, der auf Dauer in einer Hängematte liegt und Gras raucht. Aber das weißt du in diesem Moment noch nicht.

Monatelang bist du immer dann, wenn du gelangweilt warst, weitergereist zum nächsten Ort. So lange, bis es eben wieder lustig war. Jetzt, wieder daheim, ist deine Frustrationstoleranz knapp über null, und jedes Mal, wenn eine Kleinigkeit in deinem Leben schiefläuft, träumst du dich nach Indien oder Mexiko. Wieder und wieder schaust du dir die Fotos von lachenden Menschen vor Wasserfällen, Stränden und Vulkanen an und glaubst, dort sei alles besser gewesen. Du verklärst. Du vergisst, dass es ein Privileg sehr weniger Menschen ist, aus der reichen Welt in die arme zu reisen, nur um sich ein bisschen selbst zu finden.

Es dauert Monate, manchmal Jahre, aber nach und nach kriegt dich diese Welt wieder. Erst widerwillig, dann mit verhaltener Neugier beginnst du ein Studium. Es läuft, du findest dich wieder ein, du funktionierst. Jahre später rauchst du draußen vor einer Bar eine Zigarette. Ein Fremder spricht dich an, erzählt dir, dass er gerade aus Australien zurückgekehrt ist. Ein Jahr nur Surfen und Sonne, sagt er, und hier sei ja alles anders. Du nickst und fragst dich, warum dir der Typ das unbedingt erzählen muss. Ist er schwul, hat er keine Freunde, mit denen er reden kann? Was stimmt bloß nicht mit ihm?

Glossar

«And me? I still believe in paradise. But now at least I know it's not some place you can look for. Because it's not where you go. It's how you feel for a moment in your life when you're a part of something. And if you find that moment … It lasts forever.»
The Beach

Been-there-done-that

Das BTDT-Prinzip («Ich war da und da und habe dies und das getan») schlägt sich in der To-do-Liste einer Reise nieder. Backpacker mit möglichst vielen Aktivposten auf ihrer Liste verfügen über einen hohen → Road-Status. Auf solch einer Liste könnte Folgendes stehen:

- sich in einem Lkw-Reifen den Mekong hinuntertreiben lassen und dabei Joints rauchen und Beerlao trinken (China)
- eine Pussy-Pingpong-Show besuchen (Bangkok, Thailand)
- einen Tauchschein machen (Utila, Honduras)
- mit echten Sherpas bergsteigen (Nepal)
- einen Yogakurs in einem echten Ashram machen (Rishikesh, Indien)
- Haschbauern bei der Arbeit zusehen (Chefchaouen, Marokko)
- Angkor Wat besichtigen (Siem Reap, Kambodscha)
- surfen lernen (Bali, Indonesien)
- eine Höhlenwanderung am Li-Fluss machen (Yangshuo, China)

- mit dem Kamel zwei Stunden durch die Wüste reiten (Zagora, Marokko)
- durch die Tunnel des Vietcong kriechen (Saigon, Vietnam)
- nach Machu Picchu wandern (Peru)
- sich von einem Guru spirituelle Weisheiten beibringen lassen (Indien)
- mit dem Bus durch die Westbank fahren (Israel)
- mit einem Maschinengewehr auf Hühner schießen (Phnom Penh, Kambodscha).

Chicken-Bus

Ein alter amerikanischer Schulbus, der in den Ländern El Salvador, Guatemala, Honduras, Nicaragua, Costa Rica und Panama als öffentliches Verkehrsmittel dient. Die Busse sind bunt, billig und würden garantiert nicht durch den TÜV kommen. Sie heißen so, weil viele Einheimische darin Hühner und andere landwirtschaftliche Erzeugnisse transportieren. Oft wird ein Chicken-Bus von zwei Angestellten betrieben: Einer fährt, der andere sammelt das Geld ein. Einheimische zahlen die Hälfte. Ein Chicken-Bus fährt selten schneller als 50 Kilometer pro Stunde, was zum einen an den miserablen Straßen liegt, zum anderen daran, dass bei einer höheren Geschwindigkeit das Gefährt ernsthaft auseinanderzufallen droht.

Drifter

Vorläufer des Backpackers. 1972 beschrieb ihn Cohen so: «Er versucht, so zu leben, wie die Menschen, die er besucht […] hat keinen festen Reise- oder Zeitplan und keine klar definierten Reiseziele. Er taucht nahezu vollständig in die Gastkultur ein.» Heute, in Zeiten von *Lonely Planet*, so gut wie ausgerottet.

Flashpacker

Die Hyperversion des Backpackers wurde Mitte der nuller Jahre von einigen Medien ausgerufen. Flashpacker haben eine Menge technischer Geräte (iPod, MacBook Air, Digitalkamera) bei sich, haben mehr Geld, weniger Zeit und duschen öfter als Backpacker.

Gappacker

In angelsächsischen Ländern hat sich das «gap year» als Zeit zwischen Schule und Universität eingebürgert. Als Gappacker bezeichnet man die Menschen, die dieses Jahr zum Backpacking nutzen.

Grand Tour

Die historische Version des «gap year». Seit der Renaissance war es insbesondere unter englischen Adelssöhnen üblich, ein Jahr lang durch Frankreich, Mitteleuropa und Italien zu reisen. Im Laufe dieser «Bildungsreise» vertieften sie ihre Kenntnisse in Kunst, Kultur und Erotik anderer Länder.

Gringo Trail

Name des Banana-Pancake-Pfads in Lateinamerika.

Hippie Trail

Dank der Indienbegeisterung der Hippie-Ära zogen Tausende junge Europäer über Land nach Goa. Die Route verlief über die Türkei, den Iran, Afghanistan, Pakistan nach Indien.

Lonely Planet

Die Bibel aller Backpacker. Konkurrenten: *Rough Guide*, *Let's Go*, *Le Guide du Routard* (in Frankreich).

Road-Status

Coolnesswert eines Backpackers, der sich aus der Länge der Reise, der Zahl der besuchten Länder, dem Erhandeln der niedrigsten Preise, überstandenen Krankheiten, verwegenem Aussehen und verrückten Anekdoten über gefährliche Situationen ergibt.

Rollkofferdeppen

Aus Sicht der Backpacker äußerst bemitleidenswerte, verschüchterte und spießige Zeitgenossen, die nicht mit einem Rucksack reisen. Sicheres Erkennungszeichen: der Trolley.

Same same but different

Südostasiatisches Pidginenglisch, das jegliche Form von «Ähnlichkeit» ausdrücken soll. Der Ausdruck ist in den Wortschatz der Backpacker übergegangen und wird als T-Shirt-Parole geschätzt. Außerdem Titel eines Films, der auf der wahren Geschichte von Benjamin Prüfer basiert, der sich in eine kambodschanische, HIV-positive Prostituierte verliebte und sie heiratete.

Smalltalk

Unter Backpackern in dieser Reihenfolge:
«Where are your from?»
«How long are you travelling for?»
«Are you travelling by yourself?»
«Where have you been?»
«What have you done there?»
«Can you recommend it?»
«Was it expensive?»
«Where do you go next?»
«What is your name?»

The Beach

Epochemachender Backpackerroman aus dem Jahr 1996 von Alex Garland. 2000 wurde das Buch mit Leonardo di Caprio in der Hauptrolle verfilmt. In einem verranzten Hotel auf der Khaosan Road in Bangkok trifft der Amerikaner Richard einen Schotten, der ihm von «dem Strand» erzählt. Dort trifft Richard auf eine Gruppe im wahrsten Sinne des Wortes «Gestrandeter», die unter dem strengen Regiment einer Amerikanerin namens Sal in einer Art Hippie-Gemeinschaft zusammenleben. Es endet in der Katastrophe. Noch heute läuft der Film in den Cafés an der Khaosan tagein, tagaus.

Tuktuk

Meist farbenfrohes Hybridfahrzeug aus Motorrad, Auto und Eselskarren, das in Südostasien, vor allem in Thailand, als Taxi genutzt wird.

Quellenverzeichnis

1 Ilija Trojanow: «Die Backpacker von der Buddha-Bar», in: taz vom 7. 6. 2008

2 Kathrin Hartmann: «Das Backpacker-Pack», in: NEON, 1. 10. 2007, S. 148

3 Amrai Coen: «Meine Banana-Pancake-Tour», in: Spiegel Special, 7. 7. /2009 (1/2009), S. 118

4 *Lonely Planet Mexico*, Lonely Planet, 2008, 10th edition

5 Eric Cohen: «Toward a Society of International Tourism. In: «Social Research 39», 1972. Nach Jana Binder: Projekt: Driften. Rucksacktourismus als Reaktion auf spätmoderne Anforderungen

6 Regina Scheyvens: «Backpacker Tourism and Third World Development», in: Annals of Tourism Research, Vol. 29, No. 1. S. 144–164. Elsevier Science Ltd., 2002

7 http://asiatrips.wordpress.com/2009/03/12/das-fazit-meiner-indien-reise/ (abgerufen am 5. 1. 2012)

8 www.planetbackpacker.net/whybackpacking.html (abgerufen am 5. 1. 2012)

9 Ilija Trojanow in «Jetzt aber …», in: NEON, Mai 2009, S. 48–59

10 *Lonely Planet Morocco*, Lonely Planet, 7. Auflage 2005

11 Bildunterschrift auf www.umdiewelt.de/Asien/Indischer-Subkontinent/Indien/Reisebericht-1913/Kapitel-2.html (abgerufen am 11. 1. 2012)

12 www.candicedoestheworld.com/2011/08/i-am-not-a-long-term-backpacker-and-i-don%E2%80%99t-like-solo-travel/ (abgerufen am 5. 1. 2012)

13 Jana Binder zitiert in: Wlada Kolosowa: «Wir wollen nicht so ein stinknormales Leben haben!», Süddeutsche Zeitung vom 9. Juni 2008, S. 34

14 Hermann Hesse: *Siddhartha*, Frankfurt, Suhrkamp Verlag, 1987, S. 462

15 http://laudiandtheworld.blogspot.com/2011/10/104-tage-asien-und-ich-sage.html (abgerufen am 8. 1. 2012)

16 Helge Timmerberg: «Fernbeziehung», in: NEON, März 2011, S. 116–118

17 Auf http://andrealothar.blogspot.com (abgerufen am 8. 1. 2012)

18 «Bloß keine Pornos» – Interview in «Der Freitag» vom 16. 9. 2010

19 Ilija Trojanow: «Die Backpacker von der Buddha-Bar», in: taz vom 7. 6. 2008. http://www.taz.de/1/archiv/digitaz/artikel/

20 Jana Binder: *Globality. Eine Ethnographie über Backpacker,* Münster, Lit.Verlag, 2005, S. 103

21 Jana Binder: *Globality. Eine Ethnographie über Backpacker,* Münster, Lit.Verlag, 2005, S. 112

22 Anders Sørensen: «Backpacker Ethnography», in: Annals of Tourism Research, Vol. 30, No. 4, S. 856. Elsevier LTD, 2004

23 Kommentar auf www.adventurouskate.com/sihanoukville-the-ultimate-backpacker-party-paradise/ (abgerufen am 10. 1. 2012)

24 http://laudiandtheworld.blogspot.com/ (abgerufen am 10. 1. 2012)

25 www.sueddeutsche.de/digital/facebook-amp-co-das-viert-groesste-land-der-erde-1.26003-3 (abgerufen am 10. 1. 2012)

26 www.jeanyswelt.de/category/asien/laos/luang-prabang/ (abgerufen am 10. 1. 2012)

27 www.getjealous.com/nickwitton/journal/1989488/the-ho-chi-minh-highway-across-vietnam.html (abgerufen am 11. 1. 2012)

28 Helge Timmerberg: «Der Auszug aus der Medina», in: NZZ am Sonntag, 5. April 2009

Geschichten vom Arsch der Welt

«Gut ist an einer Kindheit auf dem Land: Natur, Baumhäuser, nette Nachbarn und viel Platz. Danke dafür! Sorry, für all das, was jetzt folgt. Eine Pubertät auf dem Land ist nämlich die Hölle.»

Mit viel Witz erzählt Philipp Mattheis von seiner Jugend in Dingenskirchen, vom aussichtslosen Flirten mit der Dorfschönheit, von Randale an der Bushaltestelle, Saufgelagen hinter der Scheune und von der Sehnsucht nach der großen, weiten Welt – pointiert, sarkastisch und manchmal auch ein bisschen wehmütig.

Sb 011/1 · Rowohlt online: www.rowohlt.de · www.facebook.com/rowohlt

Auch als E-Book

rororo 62764

Doktor Oldales geographisches Lexikon

Der ultimative Begleiter für alle Reisebegeisterten: Von Afghanistan bis Zypern präsentiert er für jedes Land der Welt erhellende und überraschende Fakten – Wissenswertes und Skurriles gleichermaßen.

So erfährt man, dass irisches Guinness weniger Kalorien hat als fettarme Milch; dass im Parlament des indischen Bundesstaates Meghalaya ein Adolf Hitler Marak sitzt; warum es in französischen Zügen verboten ist, sich zu küssen, und wo das Nichtbetätigen der Klospülung 150 Dollar Strafe kostet.

Liebevolle Ausstattung mit über 1000 Abbildungen.

Sb 010/1 · Rowohlt online: www.rowohlt.de · www.facebook.com/rowohlt

rororo 62954